民办高校教育国际化特色案例学术文集

王文新 / 总主编
陈 娴 / 主 编
马 华 王 磊 / 副主编

Internationalization of Education: Case Studies of Private Colleges and Universities in China

上海社会科学院出版社
SHANGHAI ACADEMY OF SOCIAL SCIENCES PRESS

编 委 会

前　言

本书是在上海社会科学院出版社和业内同仁支持下，征稿编纂完成的一本学术论文集。共收录论文 21 篇，各栏目包括："院史研究"3 篇，"国际交流"4 篇，"专业教学"5 篇，"学生管理"3 篇，"课程思政"2 篇，以及"相关学科研究"4 篇。作者来自上海外国语大学贤达经济人文学院、上海大学、上海师范大学、暨南大学、浙江越秀外国语学院、英国伯明翰大学（University of Birmingham）等高校，都是这些院校的教学、科研或管理中青年骨干或在读研究生。

高等学校以教学和科研为己任，以"立德树人"、为党育人和为国育才为各项教育教学工作的总方针。教学为科学研究提供了丰富的实践素材，反之后者亦反哺和支撑教学。然而现实中的一些问题使我们经常反思究竟什么是科研，我们应该怎样从事科研。2020 年 10 月，中共中央、国务院印发了《深化新时代教育评价改革总体方案》，切中时弊，为我们的教学与科研管理改革、为广大教师的职业发展指明了方向。在本书征稿和编辑过程中，我们通过学习这份纲领性文件，深刻体会到以下几点。

一、科研来自人类的生产实际，服务于生产实际，须与生产实际相结合。这是马克思主义者应有的科学观。对我们来说，我们的生产实际就是以学生为本的教学一线工作。因此，我们视野中的科研不仅要有宏观的、服务于国家这个大社会乃至人类命运共同体的学术研究，还要有直接服务于我们各自任教学校的微观研究，甚至从常识上来说，后者本应数量更多、更为多样化，而且是前者的"细胞"和基础支撑。然而我们诧异地看到，一些人士只热烈追捧前者，却轻视后者，这不是科学的科研观，不符合《教育评价改革总体方案》的精神。我们也很难想象，如果我们每一所学校每一个人都将本单位、本岗位的数据和报告视为草芥，一起去追求所谓“高大上”的“学术”，倘若某些人不屑自己制造物品、制造也是粗制滥造并用完即弃，那么就不会造就高度文明，高等教育将来还有没有自己的历史和骄傲呢？

二、要扶持青年教师和学者。这也是真正符合马克思主义辩证法的科研观和人才观。学界每一位“大咖”都是从年轻时成长起来的，为何一些人士一旦占据了“咖位”却即变成了“卡位”呢？正如儿童是我们生物生命的繁衍，青年学者是老年学者科学生命的赓续，在这一点上我们要有超前的眼光和宽阔的胸怀，不能有私心，不能动辄瞧不起年轻人的成果；即使他们只获得了那么一点成果，我们也要像看待自己孩子每一个进步那样，感到十分高兴，并愿意留出资源、让出自己的一些位置让他们发表。

三、须懂罗之一目，勿设一目之罗。《教育评价改革总体方案》的精髓就在于要打破“一刀切”、用违背马克思主义辩证唯物主义的形而上学僵化思维，要求每位青年学者都要“达标”的科研管理模式。古人有诗云：“定获英奇不在多，然须设网遍山河。禽虽一目罗中得，岂可空张一目罗。”假如不懂得培养人才、培养学问，却只会像经商办企业那样计较每一台机器的出件率、每一分钱的盈利率和每位员工的生产率，这不是现代大学管理者所应有的视野和能力。

正是基于这样的理念和认识，我们才得以有勇气一次次冲破各种阻力，克服各种困难，终于将一批教学和科研一线人员的阶段性成果与同仁们分享。这些文章和作者年龄一样，有的可能显得“稚嫩”；有的可能执着于某一个方面。但它们却都是认真的、真实的，并且是深刻的，也是作者各自学校发展的重要一环，并与业内其他成果文集一起，共同构成我们正在大力建设的新时代中国特色社会主义高等教育的重要一环。

王文新

2022 年 1 月 23 日于上海

目 录

第一部分 院史研究

第二部分 国际交流

第三部分 专业教学

第四部分 学生管理

第五部分 课程思政

第六部分　相关学科研究

第一部分

院史研究

从上外贤达国际交流学院发展历程看民办高校二级管理体制改革与创新

陈　娴

摘　要：在教育现代化与《民促法》实施大背景下，民办高校如何把握时代发展契机，通过创新探索与试点实践，逐步实现特色发展、完成内部管理体制改革，是管理者们所需要共同回答的问题。近五年来，上海外国语大学贤达经济人文学院充分发挥自身外语学科背景优势，通过成立国际交流学院，在优质教学资源整合、教育教学模式创新、学生管理服务改革、行政管理能级提升等方面，进行了一系列探索与实践，大力推进了民办高校教育国际化二级管理体制改革，提供了可供参考借鉴的经验与成果。

关键词：民办高校；上外贤达学院；国际交流；二级管理体制改革

一、引言

2015 年初，根据《上海市发展和改革委员会关于印发〈上海市定价目录〉的通知》（沪发改价督〔2015〕1 号）文件精神：学校可统筹考虑学科专业、教学质量、办学成本、住宿成本，兼顾经济发展水平、社会需求和承受能力等因素，自主确定 2015 年学费和住宿费标准（上海市教育委员会，2015）。该文件内容进一步鼓励社会资金进入教育领域，促进了民办高等学校的健康可持续发展。在此利好政策大背景下，上外贤达学院集中优势资源和骨干力量，在新成立的国际交流学院中充分发挥“优质优价”的政策作用，打造了涵盖3个学科、10个专业的“国际交流班”，将教育教学改革与二级管理体制改革融为一体。

二、民办高校二级管理体制改革与创新思考

(一) 政策解读与顶层设计

在民办高校二级管理体制改革中，分析解读上位法与文件，是研判形势、科学规划的重要工作前提。2021年9月1日修订公布的《中华人民共和国民办教育促进法实施条例》第七章第五十二条规定：“各级人民政府及有关部门应当依法健全对民办学校的支持政策，优先扶持办学质量高、特色明显、社会效益显著的民办学校。县级以上地方人民政府可以参照同级同类公办学校生均经费等相关经费标准和支持政策，对非营利性民办学校给予适当补助。”(中华人民共和国中央人民政府，2021)这一政策加强了对民办学校扶持优惠的措施，进一步强调民办学校与公办学校具有同等的法律地位，规定非营利性和营利性民办学校在财务、税收优惠、用地、收费等方面的差别化扶持政策，明确了国家鼓励方向(李连宁，2017)。因此，充分学习和理解相关政策，精准定位，做好学校顶层设计，是后期推行内部管理体制改革，完成资源筹措与重新优化配置的重要基础。上外贤达学院以应用型、国际化民办高校为办学定位，以“外语＋”“信息化＋”的新文科建设为专业特色，坚持公益性办学，重视产教融合与区域社会服务，在教育国际化发展中将国家政策与自身优势相结合，从提升软实力(全英语课程建设、优质国际交流项目建设与二级管理体制改革)、打造硬件环境(国际化智慧教学中心政府专项资金项目建设)两方面入手，形成了自上而下的管理改革合力，激活了校、院两级单位的创新发展动能。

(二) 基于国情与校情的长期规划

当前，高等教育国际化已进入参与国家战略部署的模式升级阶段。高等教育国际化一方面成为高等教育质量建设的重要内容，服务国家社会经济发展的工具价值越来越凸显；另一方面已经成为不同类型高等院校转型升级的理念与助力(莫玉婉，刘宝存，2020)。作为上外贤达国际化教育发展的试验田，国际交流学院对照高等教育国际化国家发展战略与《上海教育现

代化 2035》目标要求，结合学校的工作规划，将目标任务逐一分解，逐级、逐项、逐期开展落实，在过程中推进二级管理体制改革与创新。二级学院管理体制改革的宗旨是以人为本，教学是中心、科研是重点、管理是服务、和谐是根本、发展是目标（罗建国，范国敏，2019）。上外贤达国际交流学院通过大量的校内外一线调研，从组织架构完善、内涵建设优先级别确立、不同国别与层次的海外交流项目建设、学生管理服务改革等方面入手，将二级管理体制改革列为一项与内涵发展同步并行的长期工作任务。

三、上外贤达国际交流学院二级管理体制改革背景

（一）顺势而为的资源整合

在 2015 年初发布的《上海市发展和改革委员会关于印发〈上海市定价目录〉的通知》的政策激励下，上外贤达国际交流学院于 2015 年搭建初步架构，并于 2016 年 6 月正式成立。学院依托学校学科优势，将国际教育理念和特色贯穿于整个本科教育过程，致力于培养具有高尚情怀、国际视野、跨文化沟通交流能力的应用型、复合型、国际化的专业人才。

学院在分享国外优质教育资源，结合国际化标准教学与管理 10 余年办学经验的基础之上，整合学校其他院系的优势专业资源，以社会需求为导向，开设了英语（商务方向）、德语（商务方向）、法语（商务方向）、西班牙语（商务方向）、金融学（CFA 方向/全英语教学班）、会计学专业（ACCA 方向/全英语教学班）、国际经济与贸易专业（全英语教学班）、工商管理（时尚管理方向/全英语教学班）、酒店管理（全英语教学班）、会展经济与管理专业（全英语教学班）等 10 个本科专业[①]。同时，培养了一批具有全英语教学资质的青年骨干教师，其中获得国外大学硕士学位及以上的超过 80%，全职外教占比约 10%。此外，定期邀请海外合作院校专家及资深外教来校承担核心专业课的教学，并组织开设文化讲座、学术报告、主题沙龙、竞赛展演等课内外活动，帮助学生及时了解专业学习领域的最新成果及学科与专

---

① 2015—2016 年，曾招收旅游管理（全英语教学班）、数字媒体（全英语教学班）专业两届学生，后停招。

业动态。

成立至今，上外贤达国际交流学院累计招生 3 139 人，毕业生人数 1 159 人，其中海外续研人数达 557 人，当前在校 1 858 人，学生人数总规模居全校第三。

(二) 改革后的学院性质与办学特色

为避免同质化竞争（学校外语学院、商学院已有相关学科专业），实现差异化、特色化人才培养，国际交流学院在二级管理体制改革中成为首个校内“平台学院”——在行政、学工、党建方面独立运作，教学上则采用“购买服务”（选聘商学院、外语学院相关专业教师担任日常教学，并定期考核）。对照学校的应用型高校办学定位、教育国际化发展战略与“外语＋”人才培养特色，国际交流学院在各专业人才培养方案设计上突出了“外语＋专业”、“专业＋外语”的复合型人才培养，尤其重视语言类学科与商科类学科之间的复合交叉：一方面，4 个外语专业的通识必修课、专业核心课程板块均根据社会需求做出了修订与创新，分别加入了 12～16 个学分的多语种商科类课程；另一方面，6 个商科类专业的大部分专业基础课、专业核心课均采用全英语教学模式，英语语言课程也超越了传统二外的基础性、普适性学习范畴，构建了听、说、读、写、译的多维度专业化课程体系。同时，以实践学分与实践课程为基础，充分发挥情景教学、模拟仿真、跨学科综合实训等多种实践教学形式的综合效应，培养学生的实践应用能力。

学院不同专业分别与英、美、西、法、德等 5 个国家的近 20 所院校建立了长期学分互认与学位合作项目，学制上以“3＋1”“3＋2”“2.5＋1.5＋1”本硕连读、“3＋1＋1”双学位本硕连读为主，学生年均出国率在 60%以上，100%顺利完成海外学业。通过核心专业课程小班教学、外语课程思政探索与实践、国际公民社区、以赛促学等途径，提升学生的外语水平，培养其家国情怀与国际公民视野。为突出应用型高校特色，学院在金融、会计等两个专业率先实行了“专业＋国际证书”的试点改革，将国际通用考试 ACCA（特许公认会计师）、CFA（特许金融分析师）课程融入专业人才培养方案，为国际化、应用型商科人才奠定了基础。

四、上外贤达国际交流学院的二级管理体制改革探索与实践

(一) 二级教学质量保障体系建设

为保障教学中心地位，上外贤达国际交流学院建立了校内首个二级教学质量保障体系，对教育教学与学生管理服务工作实施了全过程管理与全方位质量监控。

在师资选聘上，优选上外贤达外语学院、商学院相关专业骨干教师负责日常课程教学，并定期开展全英语授课教师资格认定审查工作，推行全英语课程“持证上岗”制。建立“内审员负责—督导听课—校院领导随访”的“三位一体”监控检查机制，及时发现、反馈、整改和解决问题。通过学生评教机制、课程评价机制和教师学期绩效考核制的三重改革，将“教师三全育人成效”与“学生学习投入度”作为重量因子，聚焦教师的工作深度与学生的学习状态，实现教育教学质量的基本保障。

在学生管理与服务中，采用“辅导员＋班导师”的双轨制管理模式，建立了“一生一档”的学生在校动态档案库，在行为规范养成、学风建设、学业规划与就业指导、留学服务、心理健康教育与危机干预等方面形成合力。此外，结合学校学生管理服务“社区制”改革，建立“国际公民社区”，在课外充分发挥外语专业骨干教师的示范引领作用，坚持每周为学生开展赛事培训、主题沙龙、文化展演等活动，引导学生用外语讲好中国故事，树立文化自信和民族自豪感；定期邀请爱国华人华侨代表、优秀校友代表开展线上线下分享会，激发爱国主义情怀，培养国际公民意识，在学生综合素质培养方面充分呼应专业人才培养目标。

(二) 课堂教学模式改革与创新

随着学院大楼(崇明国际化智慧教学中心)的建设落成，上外贤达国际交流学院开启了课堂教学模式改革的新阶段。所有教学设施设备均具备智慧化、智能化功能，49 间形态各异的智慧教室共同构建了在疫情防控常态化新形势下，可适应线上线下混合式教学运行的硬件支撑体系。此外，对标中共中央、国务院印发的《深化新时代教育评价改革总体方案》中有关“改革学生评价，促进德智体美劳全面发展”的基本要求，对所有课程的考核评价

体系进行了全面改革，突出强调过程性评价、创新性评价，并在部分专业核心课程中试点项目制、赛事制学习模式，同时大力推动“三全育人”，将部分课程的平时成绩与课外活动、社会实践相融合，搭建起校内外协同育人平台。此外，作为教育部二十五所“三进”工作示范院校之一，学校在7个外语专业中大力推动外语课程思政改革，国际交流学院的4个外语专业也深度参与此项重点工作：通过教师培训学习、科研项目申报、课程大纲修订、教学法改革与创新、课外讲座延伸等手段，将“润物细无声”的课程思政育人工作逐步融入国际化教育教学过程中。

（三）二级行政与学工管理模式改革

在行政管理模式上，学院现有的组织架构形式也是高校二级管理体制改革的创新产物：前身为过渡性管理协调部门“中外交流班项目办”，在专业学科发展、教学环节实施上与外语学院、商学院进行交叉管理，后逐步发展为平台学院，独立负责行政与学生管理，但在教学管理上与相关学院继续保持联动响应关系，在项目引进、出国管理上则与校国际交流合作处、留学服务办公室保持分工合作关系。通过常态化沟通协调机制与网格化闭环管理机制，形成了一套“教学＋学工＋行政＋外事”的学生管理与服务体系，在相对扁平化的组织管理模式中以目标任务为导向，破格提拔任用年轻干部，淡化层级概念，提高工作效率。

此外，学院在二级管理体制改革配套激励方面也成为学校的试点单位。在专业课外语分级教学的探索实践中，全英语课程教学在国际交流学院6个商科专业全面落地，课时激励政策随之向相关教师倾斜。与此同时，学院推行的“班导师＋辅导员”教辅联动制、“课程内审员制”、“国际公民社区导师制”等工作，对行政和教辅人员的综合能力提出了更高的要求，国内外各类行政管理人员培养培训、参访学习机会也因此优先向学院相关人员倾斜。

五、结语

系统性的管理体制改革与创新往往不宜步子过大、发展过猛。结合实际情况，上外贤达国际交流学院由点及面，实行了一系列改革与创新措施，包括从课程到专业创新课堂教学模式，从专业到学科对培养方案进行特色化修订，从学科到学院改革教学评价机制，从学院到学校改革教育管理体制等。在不久的将来，也力求将自身教育国际化发展的试点经验转化为可复制、可推广的具体做法，以“由点及面”的辐射传播效应为其他同类高校开展相关工作提供参考建议。

在后疫情时代的“双循环”大背景下，我国教育事业发展依旧坚持对外开放。这一新的时代要求赋予了教育工作者们新的历史使命，也对支撑国际化教育教学的管理体制改革与完善提出了更高的要求。上外贤达学院及其国际交流学院通过二级管理体制改革与创新，摸索出了一条适应自身状况的发展道路，为学校新阶段的全面提升软实力、国际化一流应用型民办高校建设迈出了开拓性的重要脚步。

（作者单位：陈娴，上海外国语大学贤达经济人文学院。电子邮箱：1010210@xdsisu.edu.cn）

参考文献

[1] 李连宁. 对《中华人民共和国民办教育促进法》修改决定的重要思考[J]. 教育与职业，2017(5)：5－8.

[2] 罗建国，范国敏. 基于校院系三级管理模式下二级学院综合改革研究[J]. 教育教学论坛，2019(3)：17－18.

[3] 莫玉婉，刘宝存. 我国高等教育国际化的发展历程与改革趋势[J]. 河北师范大学学报(教育科学版)，2020，22(4)：85－93.

[4] 上海市教育委员会. 上海市教育委员会关于进一步做好2015年民办高等学历教育收费工作的通知[A/OL]. (2015－02－04). http://edu.sh.gov.cn/mbjy_fgwx_mbjy/20160726/0015-B6EB8A97-682E-41F5-9BC7-D698A6B3DDE9.html.

[5] 上海外国语大学贤达经济人文学院. 国际交流学院简介[EB/OL]. https://gjjlxy.xdsisu.edu.cn/617/list.htm.

[6] 中华人民共和国中央人民政府. 深化新时代教育评价改革总体方案[A/OL]. (2020－10－13). http://www.gov.cn/zhengce/2020-10/13/content_5551032.htm.

中华人民共和国中央人民政府. 中华人民共和国民办教育促进法实施条例[A/OL]. (2021－05－14). http://www.gov.cn/zhengce/content/2021-05/14/content_5606463.htm.

国际交流学院学生工作回顾与未来展望

王　磊

摘　要: 上海外国语大学贤达经济人文学院国际交流学院自 2016 年建院以来,因为学院将出国留学作为学生在专业发展方面的主要培养方向,故学生工作既存在普通高校学生工作的共性,又因为培养方向的不同而存在其特殊性。学院的学生工作经过不断的创新和摸索,立足在学校学生工作原有的基础上做加法,修订和增补各类规章制度,根据培养特色开展各类学生活动,为每位学生制定个人动态档案,并帮助其进行学业职业规划,以期整体学生工作不断改善,并在将来得到更长足的发展。

关键词: 高校学生工作;培养特色;学业管理;职业规划

一、引言

习近平总书记在全国高校思想政治工作会议上指出,高等教育肩负着培养德智体美劳全面发展的社会主义事业建设者和接班人的重大任务,必须坚持正确政治方向。作为高校人才培养的重要一环,大学生思想政治教育工作始终面临着机遇与挑战,学生工作是思政工作最主要的阵地,要坚持以学生为本,以学生学习和发展为中心,不断加强国际合作与交流,扎根中国土地,体现中国特色。上海外国语大学贤达经济人文学院国际交流学院(简称“上外贤达国交学院”)自 2016 年成立以来,以教育国际化为发展战略，培养具有高尚情怀、国际视野和跨文化交流沟通能力的复合型、应用型人才。在原有的学生工作基础上，针对学院的特殊性，增加各类符合学院特点的规章制度，以及符合学生特点的活动和规划。我们在回顾五年以来学生工作的同时，也对发现的问题和短板进行了反思，以依照刚制定的"十四五"规划，在更高水平做好今后的工作。

二、专业简况、师资与学生管理体系

上海外国语大学贤达经济人文学院国际交流学院于 2016 年 6 月成立，至今五年有余。国交学院除了继续在国际化办学方面开拓发展，作为一所高校的二级学院，始终重视师生党建和思想政治工作，将"立德树人"的教育根本任务放在首位，铆定"为党育人，为国育才"的根本目标，勇于创新，在学生工作方面取得了很大成效。

学院成立时，共有 12 个专业，首届招收 400 余名学生。随着对专业的不断优化，招生数量稳中有长，发展至今，共有 10 个招生专业（德法英西 4 个语种专业，以及国际经济与贸易、会展经济与管理、工商管理、酒店管理、金融学和会计学的全英教学班），在校生 1 800 余名。已毕业的三届学生中，在海内外高校继续攻读硕士的学生占比最高，其中不乏名校，例如英国诺丁汉大学、英国纽卡斯尔大学、香港浸会大学、北京外国语大学、德国波茨坦大学、澳门城市大学等。另外也有很多毕业生在知名企事业单位就职，其中包括上海南汇自来水有限公司、中国工商银行上海市分行、交通银行上海市分行、上海烟草机械有限责任公司等。

上外贤达国交学院是一所创新性学院，主要负责学生管理（包括海外学生）、项目创新、相关专业教学质量监控等。学院除了 5 位双肩挑型的专职和兼职教师及部分辅导员兼职上课外，主要师资均来自本校外语学院和商学院。对学生的管理由党总支领导下的辅导员队伍与学校学工处（学生管理服务中心）、团委配合、联动进行。

三、创新学生管理制度

学生工作的一线人员是辅导员，为培养高质量人才，首先要提高辅导员的工作质量。国际交流学院自成立以来，在教育部、上海市教委及学校的各项规章制度基础上，根据学院自身定位，进一步制定或修改了有关学生管理方面的各项规章制度和条例。

（一）《国际交流学院辅导员工作职责》

在学校规定的辅导员工作职责的基础上，增定本院辅导员工作制度。其中要求：

1. 辅导员为每个学生建立学生动态档案，记录学生的日常学习及生活情况，便于及时查看和实时更新学生状况。

2. 加强对学生的心理健康辅导，进行心理健康教育及基础心理健康知识普及，留意学生的情绪波动，主动关心并缓解学生因学业、家庭、情感等造成的心理压力，激发学生对学习生活的热情，多开展鼓励、赏识和成功教育，培养和提高学生的应对挫折的能力。

3. 学院学生普遍思维比较活跃，参加各项活动的积极性高，利用好学生的特点和优势，调动学生积极性，发挥学生潜能，以活动促进学习，激发学生的学习兴趣发挥学生的各项潜能。

4. 做好学生出国交流后的管理、服务工作。利用现代信息技术平台，与在国外的学生经常性地保持联系，及时向学生传达各种信息。

在制定上述工作职责的同时，学院也制定了相应的考核制度，做到全面检查在岗专职辅导员履行岗位职责情况，充分调动其工作积极性、主动性和创造性，增强事业心和责任感，达到奖勤罚懒、提高工作效率的目的，保证学校学院各项工作目标的实现。

（二）《国际交流学院学生出国（境）管理规定》

为推进学校国际化进程，培养具有国际视野、跨文化交际能力的应用型人才，规范上外贤达国交学院学生出国（境）事宜的管理和服务工作，以及学生管理的必要性，根据国家有关法律、法规规定及学校相关文件精神，学院制定了以下规定：

1. 学生应自觉遵守该校的校纪校规及所在国家和地区的法律法规，遵守我国外事纪律和我校相关规定，注意人身及财产安全。如因未遵守上述法律和规定而造成不良后果，由学生本人承担责任。学生到达目的地后，应在当天通过直接形式向带班辅导员报送安全到达信息。

2. 针对批量外出的学生，应根据其总人数，按照 5～10 人/组的标准进行分组，每组设立 1 名联络组长。担任组长的学生每月汇报组员当月的学习及生活情况，反馈至带班辅导员处。

3. 学生在外学习期间如遇特殊困难或意外事故，其本人或所属联络组组长应第一时间与国(境)外交流院校及中国驻外使领馆取得联系，同时通知我院办公室、校外事处，并由上述两个部门上报校党委及校长办公室处理。需要通知家长的，由学院指派辅导员完成。

4. 学生应按照指定计划完成学业，做到诚信考试。学业成绩合格者，我校将承认其所修学分，并在评估国内外课程的匹配度后予以转换；学业成绩不合格或有学术违纪行为者，双方学校有权按相关规定处理。

5. 学生在海外学习结束、签证到期后须按时回国，不得擅自延长学习时间。因故终止海外学业的，须及时向双方学校提出书面申请，办理相关休、退学手续。

四、学生工作的特色和亮点

(一) 提倡学生自我管理

学院自成立以来，一直倡导学生的自我管理，自我服务和自我教育。辅导员要从原来“全方位包办”的角色中脱离出来，培养并引导学生的“自我意识”。所以，学院制定了《国际交流学院班干部选举办法》，每个班级设定 4～5 个班委，提倡学生培养自我管理、自我服务的能力。同时，辅导员做好对学生干部的引领、指导和考核。每月召开一次班干部交流会议，分享比较好的班级管理经验。每学期对班级干部进行一次考核，明确班干部工作职责和班级的各项监督管理规定。

(二) 开展特色学生活动

为了更好地倡导学生的自主性，学院学生会下设 8 个部门，其中包括：宣传部、学习部、外联部、生活部、文体部、组织部、纪检部及学生会办公室。每个部门都在学院的各项活动中积极发挥作用。将学院文化通过活动的形式精彩纷呈的展现出来。例如，文体部每学年新生报到后，在各个专业和班级开展新老生交流会以及“破冰”活动班会；文体部和学习部在每年 5 月举办“外语文化月”系列活动，增强学生学习外语的积极性和趣味性，并增进对外国文明的了解，这已经成为学院每年保留的重大特色活动，有利于构筑学院发展的战略优势；学习部在每周二晚上开展“电影之夜”活动，让同学们感受到原版外语电影的纯正视听魅力，锻炼学生的听力，促进其了解国外风土人情以及提高对外语学习的兴趣；生活部在每年 4 月开展“室全室美”国交学院特色寝室大赛，学生通过美化寝室增进了室友之间的友谊和团队合作能力；纪检部则每学期坚持进行早晚自习检查，并联合学习部举办多场新老生经验交流会，邀请优秀的学长、学姐与各专业同学进行经验交流，另外邀请高数及英语成绩优异的高年级同学利用晚自习时间对新生们进行辅导。

除了上述活动，为了将培养应用型和复合型人才的战略做实做细，学院每年还注意搜集和分享学科竞赛和其他竞赛信息，鼓励和帮助学生积极参加这些比赛；利用各种资源开展多种类型的讲座和培训，例如邀请相关职业领域专家开设职业规划讲座，提高学生职业规划的意识，邀请语言学名师开展英语学习方法讲座等。

（三）摸清学生“家底”，帮助学生做好学业和职业规划

在以上介绍的在学生学业管理和职业规划方面所开展的工作中，对学生情况的掌握至关重要，这样才能有的放矢，开展的相关工作、举办的各项活动才能激发学生的参与兴趣，才能产生实效。为此学院每年在新生入学后即发放《新生调查问卷》，根据回收的问卷进行学生信息统计。以全面掌握、分析和了解新生的各方面详细情况，正确把握其思想和学习水平和特征，并在学生 4 年在校期间经常摸排最新的情况和动态，及时更新和补充信息。

通过上述工作，学院得以及时制定、调整和改进教育管理办法，针对学生的实际水平和状况，调动合理的资源，采用合适的方法，帮助学生进行合理、可实现的学业规划和职业规划。

五、目前学生工作存在的问题和短板

1. 近两年受新冠肺炎疫情严重影响，因出国困难，就业形势严峻。国

交学院学生就业率虽然全校排名靠前，但与同期相比差距较大，个别专业在全校排名中比较落后。

2. 心理问题学生逐年增多，多因原生家庭问题或初高中时期的历史遗留问题而发，校心理咨询中心人手不足，辅导员心理专业领域能力有一定不足。

六、学院学生工作的展望

（一）党建引领

在过去五年多工作成果的基础上，针对上述问题和短板，学院将以习近平新时代中国特色社会主义思想为指导，认真落实新时代党的建设总体要求，突出以政治建设为统领，抓实基础，改进作风，全面提升基层党建工作，为学院“十四五”规划提供坚强的思想和组织保障。具体措施包括：

1. 组织体系进一步完善。建立健全分级有据、分类有序的党组织，优化组织结构，形成设置科学、运转协调、工作有效的党组织体系。充分发挥党组织协调各方的核心作用，彰显党组织战斗堡垒作用。

2. 进一步提高党员干部素质。把教师党员干部和学生党员干部的引领作用发挥起来，提高各支部党员干部的水平，推进学院学生工作建设。着眼学校和学院的发展，建设一支坚定贯彻习近平新时代中国特色社会主义思想，忠诚、干净、有担当，数量充足，充满活力的高素质年轻化干部队伍。

3. 党员作用更进一步发挥。深入贯彻落实“控制总量、优化结构、提高质量、发挥作用”的党员发展工作总要求，坚持“双培养一输送”，努力把骨干培养成党员，把党员培养成骨干，把党员骨干输送到重要岗位，努力让每一名党员特别是党员领导干部自觉做到思想上认同组织、政治上依靠组织、工作上服从组织、感情上信任组织。

4. 筑牢抓好意识形态阵地。高校学生思想活跃，求知欲强，正处于人生观、价值观形成的关键性阶段。因此，加强大学生意识形态教育，关系到国家的稳定发展。要做好线上线下的党宣工作，要把坚定“四个自信”作为建设社会主义意识形态的关键。发挥思想政治教育效度，增强学生辨别信息、甄辨信息、运用及提取信息能力，树立正确的思想意识，促进学生全面发展。

5. 抓好党风廉政建设。加强党风廉政建设和反腐败斗争，营造风清气正的良好学院生态。积极发挥主观能动性，将上级要求与学院实际相结合，认真分析学院教职工思想认识特点、制度建设推进情况、党风廉政建设风险隐患和苗头性问题等，不断创新监督方式、拓展监督范围、增强监督实效，切实履行好监督执纪问责职责。在健全工作制度、完善工作流程时，在落实工作责任、推动工作开展时，在严明纪律规矩、确保令行禁止时，在防范廉洁风险、发现苗头问题时，都要充分调动和发挥教职工及学生党员的积极性、主动性和创造性。

(二) 建立健全就业联动机制，提高就业率

受疫情等因素影响，毕业生就业问题可能长期存在。上外贤达国交学院将探索并建立能够将校企、校友、家长等就业有关方面都纳入的多方联动机制，加强宣传、信息分享及对学生的辅导，使应届生就业率在规划期间平均每年保持在90%以上。将加强校企合作，多渠道挖掘、培育和建立多样化、常态化的专业实习基地，推动毕业生就业和学院可持续发展。

(三) 显著降低有严重心理问题的学生比例

这项工作将从两方面入手开展：

1. 积极参与学生招生工作，在现有政策与规定框架内，在“入口”环节严格把关，通过心理测试、面试等手段，录取心理健康、各方面都符合今后学习需要的学生。

2. 对于在校生，与学生管理服务中心及有关学院密切配合，预防在先，加强师生平时沟通，及时介入、疏导学生可能出现的心理问题。

(四) 进一步完善海外交流学生管理

国际交流学院是依托国际交流项目开展工作的，大部分学生的学业以出国交流学习为其主要发展方向。因此，学院在各方面工作中必须牢牢铆定这个特色，巩固过去的相关成果，并在“十四五”规划实施过程中，重点开展以下工作：

1. 完全实现对海外交流生与国内留读生的同步管理与服务；积极参与校国际交流与合作处国际项目建设与合作协议更新工作，建立合作院校与我校的教务直接合作关系。

2. 在上述合作关系基础上,实现“打包式”学分整体转换,成绩单的完全电子化和同步分享。

3. 与国际交流与合作处密切合作,在其统筹下,夯实既有的美国、英国、法国、德国、西班牙等合作院校平台,努力发掘国交学院往届校友潜力和资源,培育挖掘发展新时代环境下友诚战略合作伙伴关系。构建国外合作院校人才培养新平台。

七、结语

随着时代的不断发展,我们在学生工作方面也要用科学的方法,将管理与教育有机结合起来,在国家和地方的政策基础上,结合学院自身的特色,逐步完善各种规章制度。下力气摸索出学生容易接受、行之有效的管理教育方法。要根据每一代青年学生的特点,开展丰富多彩的有益活动,并注意寓教育于各种活动之中,切实加强学生的思想政治工作,使学院的学生工作更科学、更规范,为社会培养更高质量的人才。

(作者单位:王磊,上海外国语大学贤达经济人文学院。电子邮箱:wanglei@xdsisu. edu. cn)

参考文献

[1] 弓世锋,王侗. 新时期民办高校党建工作运行规程探讨——以陕西省部分民办高校党建工作为例[J]. 记者观察,2020(5):159.

[2] 张一璇. 浅析中外合作办学模式下的学生特点及学生管理工作[J]. 卷宗,2013,3(8):2.

[3] 赵亮. 大学生意识形态教育工作的问题及对策[J]. 今日财富(中国知识产权),2020(2):195.

试析民办高校国际化教育师资力量的建设
——以上外贤达国际交流学院为例

周　婧

摘　要：本文针对民办高校国际化教育办学的需要，针对民办高校国际化教育的问题与困境，以上海外国语大学贤达经济人文学院国际交流学院（简称“上外贤达国交学院”）师资力量建设为例，探讨解决相关问题的对策。我们通过归纳演绎和梳理数据的研究方法得出结论：师资队伍建设的核心在于建设一支思想品德高尚、高水平、高素质、稳定性强、有爱心、有团队精神且具国际视野的教师团队，这是提升民办高校综合实力的当务之急。

关键词：民办高校；国际化教育；师资建设；教学管理

一、引言

随着经济全球化趋势的发展，追求教育国际化发展是很多民办院校的选择，这些院校努力通过引进国外优质的教学资源，不断提高教育教学质量。具体来说，按照国家教育部的相关规定，民办院校可根据自身的专业特色与国外院校进行对接与合作，引进后者的一些先进的学科和专业，实现学分转换课程的设置，或者选派学生在双方合作项目框架内赴外留学，从而促进本校国际化教育的发展。在国内的实际教学中，学校通常实行全英或双语教学，以更好地培养学生的外语沟通能力，使其具备良好的国际文化交流能力。

在上述教育国际化的大背景下，中外合作办学发展良好，办学规模不断扩大，办学层次也不断提升，但随着教育国际化的发展也产生了很多新的问题，如办学模式没有特色、办学影响不广泛、质量保障体系不完善等。因此，相关院校需要总结既往经验，分析现状，找出问题，并在此基础上进行改革，完善内部运行机制，引入更优质的资源，创新招生模式，优化课程结构，以此来解决存在的问题，弥补工作的短板，促进民办高校中外合作办学的发展（胡建华，2019）。

对于专家建议，可以总结为“对症下药”。民办高校的发展历史普遍较短，起点低，国际化教育更是一个新的工作领域，只有先找出问题、短板，全面把握目前所处的困境，才能找出改革的方案。

二、民办高校国际化教育的困境

民办高校是民间投资创办的教育教学机构，从机构的根本属性上来说其主要靠自有资金维持运行，投入需要有足够的收益才能持续发展，而且与公办高校相比，民办高校的资金投入和其他办学实力总体上都远远不及公办高校。然而教育的根本属性之一却是公益性，国家也大力鼓励民办学校选择非营利性模式。因此，在很大程度上来说，民办高校作为私营机构的营利性与教育的非营利性是相互矛盾的。甚至可以说，若无科学良策，民办高校的办学模式和上述矛盾将制约着国际化教育的长远发展。

从国际化角度来看，这一矛盾尤显尖锐。包括教育部批准的中外合作办学项目在内，国际化教育是一种跨境教育形式，在国际上属于教育服务贸易的范畴，需要更多资金和其他资源的投入，但依据相关法规，中外合作办学机构不得从事营利性的项目，项目结余应继续用到教育教学活动和改善学校环境上。换句话说，教育的公益性和资本营利性之间的矛盾深深存在于民办高校的中外合作办学等国际化项目中，而且随着时间的推移，这种矛盾会不断加深（侯星帆，2018）。

三、师资问题及参考范例

学校的根本宗旨是教书育人，对于国家和当今时代来说，学校要秉承

“立德树人”的教育总方针，致力于为党育人，为国育才。因此师资是学校的生命线，是其最重要的源向性评估指标之一。在民办高校遇到的所有问题、存在的短板中，尤其是对于国际化项目，常见的也正是师资力量和结构问题。上外贤达国交学院在这方面的建设成果提供了一个良好的参考样例。

国际交流学院拥有一支具有良好学术背景、教学经验丰富的教师队伍，其中获得国外大学硕士学位及以上的海归教师占 80%。根据培养方案与教学计划，学院另配备了足量的外教，聘请优秀外籍教师开设外语口语类及专业核心课等课程，并邀请国内外专家不定期为学生开设文化讲座或学术报告，让学生及时了解专业学习领域的最新成果及学术动态。

国际交流学院师资力量由 7 个部分组成，其中包括(不同部分有一定交叉)：国际交流学院本院教师，其他学院和部门教师，班导师与年级导师，外籍教师，合作机构教师和国际时尚教育中心教师在内的外聘兼职教师。

(一) 本院师资

国交学院全院师资共计 21 人，包括院长 1 人(兼职)、常务副院长 1 人、副院长 1 人、党总支书记 1 人、党总支副书记 1 人、辅导员 10 人、行政人员 4 人以及教师兼行政人员 2 人。人数分布如图 1 所示：

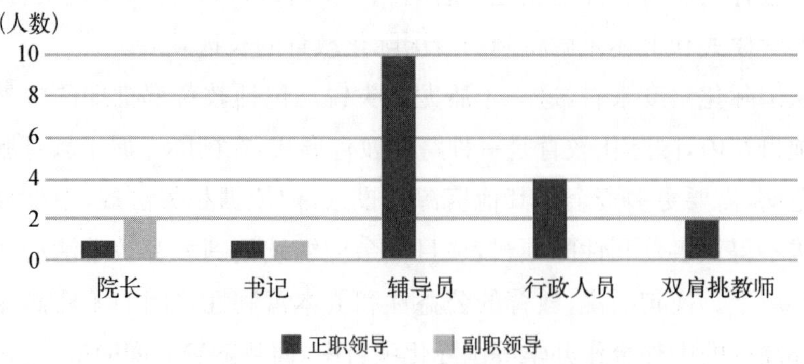

图 1　上外贤达国交学院本院师资分布

如前所述，国交学院主要负责项目创新和管理、学生管理、教学质量保障等工作，这样“双肩挑”型的干部和行政人员设置，可以在学校层面最大程度消除人员冗余，以最精简的队伍，专注于改革创新与发展。

（二）其他学院和部门的师资

国交学院建立了独特的办学模式，其教学师资主要来自本校外语学院、商学院和国际交流合作处（简称“两院一处”），大部分都具有海外教育背景和经贤达学院学术委员会认定的全英语教学资质。例如国际经济与贸易专业国际通识课程，这是与国外合作院校互认学分的转换课程，所聘教授均具有扎实的专业背景，同时具有高水平的英语教学能力。

国交学院与“两院一处”建立并保持着密切的校内合作关系。外语学院和商学院有关专业的系主任根据其实际师资配比进行排课初步安排，并在征求国交学院建议后确定排课方案，同时国交学院根据其他方面的授课需要，商学院和国际交流合作处派出具备任教资格及有留学或海外工作经历的行政干部为学生开课，增加课程的国际化内涵。

（三）班导师与年级导师

国交学院目前已建立了完备、成熟的班导师和年级导师制度。班导师由具有扎实的学科知识和学术指导能力的其他学院相应专业的教师担任。年级导师由具备相关专业背景的教学管理人员兼任。

班导师、年级导师秉承教育育人的方针，工作职责是指导学生制订本科阶段的修读计划，为学生提供学习和校园生活方面的咨询，培养学生自主学习的能力。导师关心学生在德、智、体、美、劳方面的全面成长，每人每周4.5小时接待和辅导学生，其中3课时安排在晚自习时间线上辅导。另外还召开主题班会，组织读书报告交流会，并在学期末撰写学生的学业评语等。

（四）外籍教师

国交学院与国际交流合作处共同管理学校聘用的5位外籍教师，他们分别来自美国、德国、西班牙和突尼斯，全部具有海外知名高校硕士或博士学位，为国交学院及全校学生开设外语口语、写作或文化类课程。

因疫情原因，国交学院引进和使用外教工作一段时间以来遭遇了较大困难，外教人数也有所下降。在后疫情时代，如何妥善解决这一难题，保持和提升国际化办学水平，这是贤达学院目前正在思索、也应成为所有民办院校着力要应对的。

（五）合作机构师资

国交学院与上海高顿教育科技有限公司（简称“高顿教育”）长期开展合作培训项目，内容主要涉及金融专业（全英语教学班）CFA证书和会计专业（全英语教学班）ACCA证书培训课程。高顿教育将其专业资格证书培训课程嵌入国交学院金融专业和会计专业的培养方案，将专业课程与证书培训科学配比，进行有机结合。

在每个教学周期，高顿教育会根据其在全国各地的课程安排情况统筹调配师资，为国交学院金融专业和会计专业的学生进行课堂授课。每学期高顿教育为国交学院配备授课师资约为10人左右，同时为学院配备一位专业督学和联络人员，负责日常管理和协调事宜。

（六）国际时尚教育中心师资

国交学院工商管理专业（时尚管理方向）培养方案中开设的8门核心专业课程由国际时尚教育中心安排教师授课。每学期开始前，国交学院会结合任课教师的教学经验和时尚行业从业经验，审核国际时尚教育中心任课教师的授课资质，遴选出符合条件的人员承担教学任务，并与中心共同监管任课教师的教学活动。

除此之外，国交学院还根据其他一些特殊课程的教学需求，聘请其他长期或短期兼职教师（包括行业教师），很多人员来自国内外名校或名企。

四、师资建设问题与对策

（一）师资建设问题

国交学院的主力师资都来自本校其他学院和部门的教师，以及包括合作机构所派教师在内的校外兼职教师，没有本院的核心师资，没有独立的专业系部，无法设立系主任等职位来统筹和监管教学工作。这既是贤达学院的创新举措，在经过数年发展之后，也逐渐成为学院发展的瓶颈。一个突出的原因就是工作主要靠人员之间的协调，制度建设没有及时跟上；民办院校人员流动性大，随着建院初期彼此熟悉情况的很多人员的变动，国交学院与其他院部之间的沟通与协调出现了一定的困难，其他院部新来的部分管理人员和教师将国交学院误解为另外一个专业点，将本属岗位职责范围内的相关工作视为“友情”或“兼职”工作，因而造成教学质量下滑。

总体而言，目前国交学院师资总体可以支撑专业人才培养目标的实现，但师资数量、质量、年龄、学历、职称结构等还存在一些不足，少数教师教学能力和科研能力与水平仍有待提高。

（二）师资建设对策

随着崇明校区二期校舍陆续建成并投入使用，国交学院正积极参与学校以教学为中心，借鉴 SQA 相关经验和指标体系[①]，建设一整套符合民办院校特点和办学需要并具有贤达特色的教学质量保障体系。其中重要的一环就是为解决上述问题，突破发展瓶颈，国交学院与外语学院、商学院、教务处等院部协商，初步研制了包括 8 个一级指标、26 个二级指标和 51 个内涵观测点以及教师 12 项正面清单和 12 项负面清单在内的质量监控办法。

另外，国交学院致力于建立“国际课程教研室”。具体方案是：对应学院现有的学科专业，分别招聘一定数量的西班牙语、德语、经济学、管理学“双肩挑”教师。除了补充现有的师资力量、应对其他学院的各类突发缺岗情况之外，还协助院领导做好与有关院部的协调，落实上述质量监控工作。

“双肩挑”教师是国交学院在师资队伍建设中，结合学院实际情况和学生整体现状，探索出的一条适合自身发展的师资模式。“双肩挑”教师有着独特定位，在学校有限岗位设置内，实现了一岗多职、一岗多能，任职人员以教学工作为主，行政管理工作为辅，根据学院工作需要在教学与行政身份之间进行有机切换，两者相互促进，有机结合，不失为师资队伍建设中走出困境的有效对策。通过建立“国际课程教研室”，可以绘制国际化办学的另一页理想蓝图，推进国际通识课程教育，更好地培养具有国际视野和跨文化沟通能力的人才。

五、结论

民办院校的师资队伍建设关系到学校的生存和发展，任务重，难度大，如何根据学校实际情况，进行符合自身发展规律和需要的师资队伍规划，至

---

① 详见本书《上外贤达学院国际教育学院教学质量保障体系的构建与实施》一文。

关重要。民办高校既要立足实际情况，充分考虑到教师们的个性化差异，又要积极学习外校的先进经验，抓好师资队伍建设，提高自身竞争优势，促进自身可持续发展（唐云，2019）。

具体来说，为建立健全一流应用型本科高校师资队伍，实现学校内涵发展，民办高校应不断优化教师队伍结构，丰富考核激励机制，完善教学管理制度，大力开展教师培训工作，加强师德师风建设，关注教师自身发展，调动教师的工作积极性，发挥其主观能动性。应在夯实教师教育教学能力的基础上，激发教师的科研和创新能力，不断提高教师的服务意识和奉献精神，培养教师的归属感和凝聚力。建设一支高水平、高素质、稳定性强、品德高尚、有爱心、有团队精神的教师团队是提升民办高校综合实力的当务之急；坚持“以人为本”，推行人性化管理，积极探索出一条对教师进行人文关怀的管理制度是民办高校教学管理的必经之路。

（作者单位：周婧，上海外国语大学贤达经济人文学院。电子邮箱：1820500@xdsisu. edu. cn）

参考文献

[1] 侯星帆. 民办高校中外合作办学发展的现状、困境及突破探析[J]. 中国管理信息化，2018，21(22)：176－177.

[2] 胡建华. 教育国际化背景下民办高校中外合作办学的经验及启示[J]. 教育观察，2019，8(40)：80－81.

[3] 唐云. 民办高校师资队伍建设优化策略探析[J]. 中外企业家，2019(4)：145－146.

第二部分
国际交流

浅谈疫情背景下上海民办高校教育国际化发展的机遇和挑战

——以上海外国语大学贤达经济人文学院为例

陈　应

摘　要: 受新冠肺炎疫情影响,很多跨境高等教育项目无法实施,全球高校间文化交流工作受到很大阻碍,直接影响了国内高等院校教育国际化战略的实施。本文以上海外国语大学贤达经济人文学院(简称"上外贤达学院")为例,对疫情背景下上海民办高等教育国际化发展现状、所面临的挑战和其自身的优劣势进行分析和思考,并提出一些建议。

关键词: 新冠肺炎疫情;民办高等教育;教育国际化

一、引言

2020年新冠肺炎疫情的爆发打乱了全球经济活动的秩序,全球各行各业受到了巨大冲击,其中也包括高等教育,特别是高等教育的国际交流与合作板块。疫情危机中各国在政治、文化上的巨大差异,对疫情的重视程度及疫情防控中理念和步调的不同步,预计在未来相当长的时间内仍会继续影响各国高等教育国际化的发展进程。在这一背景下,中国高等教育国际化也面临着种种压力与挑战,但笔者认为,这也是"转型"的契机。民办高等院校如何继续发挥体制优势和实施教育国际化战略,如何正确面对疫情当下的挑战并抓住契机进行自主开发和创新,以加强国际化教育的内循环,这些问题值得进一步思考和实践。

二、上外贤达学院教育国际化战略下国际化课程实施回顾

民办教育扩大教育供给、提供多样化的教育选择，为整个教育系统提供了一种新的办学竞争机制。根据《民办教育促进法》和上海市政府相关条例，上海民办高校应充分利用其办学优势，坚持教育对外开放，突出民办院校办学特色，牢牢把握和提升办学质量，增强总效能，积极探索新方向、新理念、新平台和新路径，从而不断提升民办高校教育对外开放的竞争力和影响力。

上外贤达学院作为上海首批民办独立学院，依托上海外国语大学的多语种外语教学优势，坚持开放办学、走国际化教育之路，积极探索“英语＋”“信息技术＋”等复合型人才培养模式，推进新文科建设，强化国际化特色办学，提高教育教学质量，增强学校核心竞争力；积极引进国内外优秀高等院校的先进教育理念和管理模式（目前师资团队中50％以上为优秀“海归”教师），并先后与英、美、加、澳、德、法、日、新、中国香港地区等16个国家和地区的100余所知名高校建立了稳固的友好合作关系。教育国际化战略以全校一盘棋为顶层设计理念，早在2005年已引进和承办由教育部留服中心与苏格兰教育委员会合作的国际本科“3＋1”项目，为计划外招生的学生提供多样化、多层次海外学习机会，让学生感受多元文化，拓宽国际视野，提高跨文化交流沟通能力。多年来，通过国际课程的引进和实践，由计划外战略带动计划内课程变革，通过下设两大学院，互为补充和加强，分别为两类学生提供两条国外升学路径，搭建了本科、硕士连读的多国海外深造的平台，并提供学分互认、带薪实习、公费交流生、政府奖学金等留学服务。近3年来，平均每年有26％左右的学生前往美国加利福尼亚大学伯克利分校、纽约大学，英国剑桥大学、帝国理工大学、伦敦大学学院，日本早稻田大学等世界名校继续深造，教育国际化办学成果显著。

三、在疫情背景下应对教育国际化双跑道的挑战和机遇

高等教育的国际化发展趋势为中国民办高校的市场竞争力、教育质量

提升及行政管理提效起到了积极的作用，尤其为民办本科教育提供了发展和改革的机遇。然而目前在新冠肺炎疫情、贸易摩擦、逆全球化的背景下，区域合作的需求越来越明显，地区化成为教育国际化发展重要和必然的趋势之一。学校十分重视教育国际化的跨越式发展，为此更需增加新的跑道助力未来发展。我们对 10 多年来国际项目的引进和管理予以回顾和梳理，从教学入手，在教学法和教学质量保障体系方面深入研究，通过反复实践和不断革新做好了应对国内国外双循环的充分准备。在疫情背景下，学校在对国际教育课程多年教学和升学的研究成果基础上，通过多层次的项目设置，将部分国际高中 A - level 项目毕业生衔接国际本科 SQA AD 3+1 项目，缓解了国际项目学生无法继续学业的尴尬境地，初步打通校内国际化教育内循环。学校坚持探索教学法改革，将问题导入式、批判性思维等元素融入教学设计，增强课堂互动，以督导、督学和学生评价为主导，教师自评和互评为辅助等模式，推进教学评估建设，提升教学质量。同时，对西方教学质量保障体系开展持续研究，通过借鉴国外先进的教学管理模式和完善的教学质量保障体系，为提升学校教学质量提供参考依据。以下是通过 SWOT 分析法明确学校教育国际化可持续发展的优劣势，以及面对的机遇和挑战。

（一）教育国际化可持续发展的优势(S)

国际化教育在国内的开展，需要有国际教育经验丰富的高素质师资力量作为保障。通过《民办教育促进法》及相关实施条例，国家鼓励民办高校转型发展，打造高水平、有特色的民办学校。上外贤达学院作为上海首批民办本科院校之一，有着灵活的办学模式，重视自上而下的顶层设计，重视求变，积极建设一支优质的国际化教育师资力量，不仅具备海外高学历而且有多年海外高校教学经验，在学校国际化教育实践中，既能支撑起学科教学，又能深入研究和把握国际化课程精髓。对学生和家长而言，尽管有疫情等突发事件的产生，但其对国际化教育的需求依然存在，对此学校响应迅速，对原先的国际化教育模式以新思想进行重新思考、重新定位，因势而新。

另外，学校对国际化教育课程设置专项研究，结合在地学生的发展路径需求，在国际化课程中植入课程思政和传统文化的教育，不仅让学生在国内感受到国际课程的先进性，也培养了学生爱国情怀，提升民族意识、增强民族信念。国际化课程的设计和改革在各方面都遵循了国家教育国际化的可持续发展战略方针。

（二）教育国际化可持续发展的劣势（W）

在疫情背景下教育国际化的可持续发展离不开信息化建设，民办高校应根据国家实施大数据战略和网络化、数字化的教育体系建设，系统和持续性地投入新信息化建设工作。但由于学校办学历史不长，各方面基础相对薄弱，因此更需要重视建设信息化校园所需的各项准备，尤其要重视该项的办学经费投入。

持续实施教育国际化战略，打造和发展新路径需要有专业团队进行研究和开发，而民办高校在这方面或存在资金困难，或投入薄弱。同时，教师的工作量和薪资福利待遇各校间也参差不齐，且人均课堂教学工作量普遍较大，师资稳定性不够，使其通过研究或其他工作服务可持续发展的国际化教育的能力有限，因此各校亦应高度重视解决上述问题，加大对国际化专业教师队伍建设的投入，尤其是外语学科或有海外研学和工作经历的教师人才的引进，这是学校最需倚重、也是完全自有的国际化人才队伍。

（三）教育国际化可持续发展的机会（O）

教育部等八部门《关于加快和扩大新时代教育对外开放的意见》中指出，要坚持教育对外开放不动摇、主动加强同各国的互鉴、互容、互通，形成更全方位、更宽领域，更多层次、更加主动的教育对外开放局面。上外贤达学院据此在其"十四五"规划中确定了办学国际化的规划重点。贤达学院有扎实的教育国际化基础和进一步拓展的机会，在学生层面，在教育部留服中心 SQA AD 项目的引进基础上，积极对接英、美、西、法等多国多校的学分互认项目，本硕连读培养模式效果显著。在教师发展层面，通过自主对接美国伊利诺伊香槟分校的教学型教师培训项目，新加坡南洋理工大学管理型人员研修项目等，提升教师国际化视野、教学能力和管理能力，进一步开展多层次、宽领域的教育交流合作，加强高水平教育专家交流互动、跟海外大学建立研究中心，进一步探索和研究在地教育国际化进程，实行逆向中外合作交流，为开拓改革创新之路奠定基础，并为下一步呼应国家"一带一路"倡议，实施培养多语种、复合型专业人才培养提供保障。

(四) 教育国际化可持续发展的挑战(T)

新冠肺炎疫情加剧了逆全球化趋势,日益膨胀的民族主义和保护主义给教育国际化带来了挑战。国际交流与合作受到的冲击尤为突出,阻碍了以跨国流动为主要方式的高等教育国际交流与合作进程。

在此背景下,为确保学校教育国际化的发展,在学校层面,要着力形成"大外事"格局,深入贯彻落实以国际视野、跨文化沟通能力为目标的人才培养体系,使国际课程设计与本土课程相融合,并重新思考和改革教学质量评估与分类评价体系。其中如何将现有国际交流合作项目融入人才培养体系中,最后将中外合作交流项目结合新文科建设,形成长期、有效、稳定而深入的国际项目培养体系,是目前所面临的最大挑战。

四、结语

习近平总书记在中共十九大报告中提出,要推动构建人类命运共同体,这一理念为全人类和谐发展贡献了中国智慧,同时也为中国高等教育发展指明了方向。高校作为高等教育国际化的先行者,应从大局意识和整体思维出发,坚持开放办学的信念,尤其是经历过疫情和逆全球化的影响后,更应该通过加强多层次、多元化的国际教育交流与合作,进一步提升中国高校的国际影响力,成为世界高等教育发展的引领者。

教育国际化的战略变革要得以发展,变革必须遵循一定的规律。变革是系统而全面的,需遵循自上而下的规律,但是在变革过程中也要注重自下而上的实践反馈。在学校教育国际化战略发展布局中,要以人为中心,一切从人出发,首先要以学生为中心,一切从学生出发,在达成理念共识的基础上,激发员工的创造精神与潜能,以取得变革的最大效果。学校内部要确立教育改革的系统观念,变革学校文化,建立学校共同体,调动教师参与学校变革的积极性,推动学校变革力量的形成。

在全球高等教育所面对的需求和挑战中,上海民办高等教育应正视自身发展的优势与劣势,认清当下社会需求和发展瓶颈。笔者认为,教育国际化战略的可持续发展离不开对政策的敏锐性和对项目的不断研究、改革和优化。应将对办学的设计、思维和观念在改革中进行合理运用,不断提升教师的国际视野和国际化课程本土化的理念，从而推进适合社会发展需要的教育和学习的新模式、新路径。在后疫情时代，我们要正视教育国际化的危机和挑战，坚持科学发展战略，谋划改革方向，以新理念、新技术、新模式和新布局规划好内外双循环的可持续教育国际化之路。

（作者单位：陈应，上海外国语大学贤达经济人文学院。电子邮箱：0902070@xdsisu.edu.cn）

参考文献

[1] 程接力，杨晓. 危机与建议：基于SWOT模型的我国民办高校发展现状分析[J]. 浙江树人大学学报(人文社会科学版)，2014，14(4)：19-24.

[2] 贺冬萌，王永生. 疫情影响下高等教育国际化的挑战及对策[J]. 神州学人，2021(4)：28-33.

[3] 张延明. 建设卓越学校：领导层·管理层·教师的职业发展(第2版)[M]. 北京：北京大学出版社，2008.

[4] 上海外国语大学贤达经济人文学院. 官方网站[EB/OL]. https://www.xdsisu.edu.cn/.

后疫情时代高校对外合作交流路径探索

——以上外贤达学院中法学生线上交流为例

黄珂维

摘　要：随着经济全球化的不断深入，教育全球化成为高校发展的必然趋势。国际化程度也是衡量高校教育水平的重要指标之一。上海外国语大学贤达经济人文学院从自身实际出发，在国际合作与交流工作中不断开拓，外事工作卓有成效。尤其是在新冠肺炎疫情期间，仍能克服困难，充分利用线上网络资源，探索高质量国际合作新模式。其中，和法国阿尔比矿业学院的线上交流效果良好，取得了一定经验，也为今后开拓更广阔的国际交流与合作提供了成功范例。

关键词：教育全球化；国际交流与合作；高等教育；在线教育

一、引言

经济全球化推动了高等教育的国际化，同时也加强了各国之间在教育资源领域的交流与共享。各国教育市场都具有对外开放的基础条件和迫切需求，教育市场的全球化因此应运而生。而高校作为人才培养基地，必然要适应经济全球化和高等教育全球化的总趋势，积极寻求对外交往，不断谋求合作与发展，提升自身的国际化程度，为培养具有国际竞争力的人才而努力。所以，加强国际交流与合作是高校工作不可或缺的重要组成部分。

中国作为经济高速发展的大国，一向强调高等教育的国际化。2017 年 2 月，中共中央、国务院印发《关于加强和改进新形势下高校思想政治工作的意见》，强调高校肩负着人才培养、科学研究、社会服务、文化传承创新、国际交流合作的重要使命。至此，国际交流合作被正式确定为高校职能之一，这个职能定位不仅符合大学本源，而且回应了实现中华民族伟大复兴和进一步推动构建人类命运共同体的时代要求。

二、后疫情形势下高校探索国际交流与合作新路径的必要性

新冠肺炎疫情使高校学生间的国际流动严重受阻，高校国际交流与合作面临新的考验。在一段时间的延滞之后，在我们目前所处的“后疫情时代”，探索国际交流与合作新模式，成为当务之急。我们要充分认识到，一方面，如上所述，疫情成为探索国际交流与合作新模式的“加速器”，我们不得不拓宽思路，进行新的尝试；另一方面，现今网络交流平台的飞速发展改变了人们的交流理念和交流习惯，也为高校加速探索中外学生交流新模式提供了巨大的技术支持。

在此方面，很多高校都不甘落后。2020 年 11 月 27 日，第五届“一带一路”高校联盟论坛在兰州大学举行，论坛的主题为“后疫情阶段国际合作与交流的新模式探索”。不同国家和地区的联盟成员高校通过“线上线下”的方式参与会议，一起探讨后疫情时代教育国际交流与合作的新模式。与会者普遍认为，国际交流与合作是高校发展不可或缺的重要组成部分，虽然在新冠肺炎疫情的影响下，线下的交流以及高校人员往来受到较大阻隔。但是，疫情没有改变各国高校对国际交流与合作的需求，没有改变师生参与国际教育交流的热情，没有改变高等教育国际化发展的总体趋势。所以，在线下交流受限的情形下，线上交流会越来越密切。客观而言，疫情极大刺激了在线网络交流平台的利用，促进了网络交流平台的进一步完善，而网络技术的发展也将为线上交流带来更多便利，会使交流的“区块链”快速扩大，受益的人群范围也会迅速增加。

在这次会议上，澳大利亚西悉尼大学校长巴尼·格罗佛（Barney Glover）表示：“在后疫情时代，我相信所有的高校都会利用他们的资源、创

造力和想象力，提供更多更好的线上资源、培训和课程，为学生和教职员工之间的互动搭建更好的平台。在当前形势下，我们必须要更加紧密的联合在一起，通过更多的交流，来应对疫情对于未来的影响。”（央广网，2020）

三、贤达学院中法学生交流新模式

（一）项目宗旨和架构

上海外国语大学贤达经济人文学院（简称“上外贤达学院”）自建校以来，一直秉承多语种的国际化办学理念，以培养具有国际视野的应用复合型人才为目标，坚持开放办学，不断推动多方位国际交流，并取得了显著成效。

为了顺应全球化趋势，顺利推进后疫情时代上外贤达学院与国外高校的交流与合作，校国际交流合作处、国际交流学院和外语学院进行了多种实践探索，如国际公民社区系列活动等。其中，法语系本科生与法国阿尔比国立高等矿业学院（IMT Mines Albi，简称“阿尔比矿院”）研究生进行了线上文化交流活动，为疫情时代的中外学生高质量交流提供了成功范例。

本次交流项目的名称为：中法跨文化国际交流。项目起源于两校在疫情期间对于实现学生线上交流的渴望和需求。阿尔比矿院是法国顶尖的工程师学校之一，也是一所高等研究中心，位于图卢兹附近的阿尔比城（Albi），是法国国立高等矿业电信学校联盟（IMT — Institut Mines-Télécom）的成员之一，学校在法国口碑好，国际化程度高；法国国立高等矿业电信学校联盟（IMT — Institut Mines-Télécom）则是法国最大的以培养精英人才而著称的工程师学校集团之一，学生选拔竞争激烈，联盟一直保持着优质的生源和良好的声望。

然而，2020 年以来，法国新冠肺炎疫情蔓延迅速，极大影响了阿尔比矿院学生的出国交流，因此学校师生都特别希望能与国外、尤其与中国高校建立长期稳固的线上交流关系。而上外贤达学院也有同样的需求，因此，在 2020 年 10 月，双方经过仔细协商，最终签署了合作协议。根据协议内容，双方组织阿尔比矿院部分研究生和上外贤达学院部分高年级本科生，在双方教师的指导下，采用网上视频小组自主讨论的方式，进行线上国际文化交流。此项目每年组织一期，每期持续约半年，从当年 11 月初到第二年 4 月底。双方交流的主题包括但不限于以下几个方面：

1. 可持续发展主题(再生能源、人口控制、自然资源、生态足迹、环境科技、新都市等)。

2. 当地文化(生态环境、历史传承、饮食健康、时尚流行、传统节日、家庭关系、网络、休闲等)。

3. 社会问题(生活、工作、环境、社会结构、经济、老龄化等)。项目要求学生协商自选题目,拟定交流计划,在交流过程中积累、保存所搜集材料,形成阶段性思考,并在本期交流结束以后,以小组报告的形式汇报交流结果。

(二) 项目进展与成效

和阿尔比矿院的合作交流,对于提高上外贤达学院的国际化水平和质量,扩大学校的国际影响,增强法语专业学生的国际竞争力,都具有重要意义。2020 年 11 月,该项目正式开始运行,吸引了全校 50 多名法语专业本科生和阿尔比矿院约 30 名研究生参加。由于项目涉及面广,且实践性强,可行性高,操作便利,持续时间长,后续发展空间大,所以自起步伊始,就引起了双方师生的强烈反响,大家普遍对这种新型交流模式充满兴趣和期待。

在项目实施期间,双方学生每周通过 Zoom、微信或其他通信方式举行一次小组讨论活动,交流思想,共享信息。2021 年 4 月 13 日,双方学生完成了首期最后一次线上活动,并举行了活动闭幕式(见图 1)。12 支中法学生混合小组通过视频和音频,汇报了学习成果,并就成果进行了讨论。双方学生的报告涉及面广,主题包括神话故事、老龄人口、生活方式、中法家庭构成区别、著名景点介绍、家常与街头美食文化及饮食习惯、大学生活、运动项目、音乐爱好等。小组汇报之后,每组又推举一两名代表简要分享了自己在本次活动中的心得体会。双方同学发言积极主动,活动气氛热烈融洽。这次为期半年的交流活动极大鼓励了双方学生参与跨文化国际交流的兴趣,满足了学生对国外语言和文化知识的兴趣与渴求,扩大了学生的国际视野,更是锻炼了上外贤达学院学生应用法语和阿尔比矿院学生应用汉语的能力,充分发挥了网络的作用以及青年学生丰富的想象力与创造力。在全球遭遇新冠肺炎疫情肆虐、高校国际交流工作遭遇极大困难的时期,上外贤达学院的这项创新举措可谓国内高校在新形势下坚持推进国际化办学的成功范例。

图1 上外贤达学院-法国阿尔比矿院首期学生交流闭幕式

（三）项目特色与创新点

此次中法学生交流实现了中外学生交流模式的新突破，使上外贤达学院与阿尔比矿院的国际化都补充了新途径，有了新内涵。其创新之处主要体现在以下几个方面：

1. 充分利用了丰富便利的网络资源

在一定程度上克服了新冠肺炎疫情对国际交流的负面影响；同时又能充分发挥青年学生熟练使用网络交际渠道的优势，适应了当代大学生倾向于利用网络平台进行交流的习惯，使网络平台成为语言实践的有效工具。

2. 和阿尔比矿院的合作标志着上外贤达学院与法国重点工程师高校交流的开始

以往合作的法国高校大多是高等商科类院校，高水平的工程师学校鲜有涉足，与阿尔比矿院首期学生交流的成功举办，说明上外贤达学院的对外交流范围进一步拓宽。同时，与更多的国外一流高校交流有利于提高学院的国际交流力度，扩大学院国际影响力。

3. 此次中法学生线上交流不同于以往个别的私人交流

是有组织、大规模的校际合作，有着明确的规划、主题和程序；交流的主题涉及面广，经过精心挑选，有很强的时代性和现实性。所以该项目不仅锻炼了学生的外语应用能力，同时也锻炼了学生的双语思维品质，启发了学生对社会现实问题的思考。这种交流可作为相关课程的补充教学，可使上外贤达学院学生有机会真切了解和体验课本之外的法国文化，同时也有利于中国文化的对外宣传；既增强了学生的民族文化自信，又使法国学生对中国文化有更多了解、产生更大兴趣。

4. 项目的交流方式多样

讨论时间自由，学生可不受限制地充分利用课余碎片时间，使课外活动更充实。项目交流成果以小组汇报的方式展示，成绩分别计入双方学生的专业课程，这也是一种创新的考核方式。

总之，上外贤达学院与法国阿尔比矿院的线上合作不仅解决了后疫情时代学生出国交流受阻的问题，提高了学生的法语表达能力及对法国文化的理解，也培养了学生的团队合作精神，且方式灵活，操作性强，易复制和推广，有着良好的发展前景。

四、结语

上外贤达学院与法国阿尔比矿院中法学生线上交流项目第一期的成功实践并非后疫情时代国际合作交流的唯一范例。通过对该项目的介绍，本文旨在说明，面对疫情或者今后其他可能发生的困境，一定要积极设法寻找课程教学的补充资源和路径，包括充分利用网络资源和外方资源，拓宽学生国际视野，改变传统的教师单边主导学习的局面，充分激发学生语言实践的积极主动性，挖掘其学习潜力，启发其主动思考、主动求知。

另一方面，如前文所指出的，需要打破惯性思维，充分认识到线上交流的优势。线上交流组织和实施均简单方便，不受场地和交通等约束，实现的可能性更大。但线上交流也相对存在因带宽或流量而造成的音视频流畅性卡顿、画面一定程度的模糊或失真、集体和环境氛围较差等问题，有必要通过更为良好的组织和动员，包括改善软硬件条件、在交流过程中对学生悉心的指导和答疑、事后组织学生进行认真的反思和总结等予以弥补。

基于中法学生交流的现有成果及所获经验，上外贤达学院将持续开展线上国际交流与合作，并有望拓宽交流范围。具体体现在以下几个方面：

1. 扩大中外交流的辐射面

与更多国外高校合作，让更多的学生参与，并结合专业培养方案，分层次、分专业、分阶段组织交流，进一步优化交流频率及讨论主题。

2. 把线上交流作为相关课程的实践环节，纳入学分体系

开发以国际交流为导向的"线上课堂"，使语言的课堂教学与现场实践同步进行。

3. 签署更具体和细化的长期协议

指定专人负责此项目的联络与实施，建立交流信息共享平台，适时把线上合作延伸到线下，使线上合作成为以后进一步线下合作的铺垫和准备。

4. 把学生交流延伸到教师交流

推动相关专业教学和科研工作的同步国际化进程。

总之，上外贤达学院应当充分利用政策和区位优势，紧跟国际化的发展潮流，克服当前疫情对国际交流与合作的影响，制定清晰的国际交流与合作发展新战略，不断探索新模式，以先进的国际化发展理念推动国际交流的进一步开展，在新的维度和更高水平上实现培养兼具中国情怀和国际视野、能够满足新时代中国特色社会主义建设需要的国际化人才的办学目标。

（作者单位：黄珂维，上海外国语大学贤达经济人文学院。电子邮箱：1410020@xdsisu.edu.cn）

参考文献

[1] 央广网. 2020"一带一路"高校联盟论坛开幕　关注后疫情时代教育国际交流新模式[EB/OL].（2020－11－27）. https：//baijiahao.baidu.com/s? id = 1684498368929840333.

[2] 中华人民共和国中央人民政府. 中共中央　国务院印发《关于加强和改进新形势下高校思想政治工作的意见》[EB/OL].（2017－02－27）. http：//www.gov.cn/xinwen/2017-02/27/content_5182502.htm.

基于文化建设的国际人才管理模式探索

——以浙江越秀外国语学院外籍教师社区为例

陆海萍

摘　要：国际人才作为高等学校师资队伍建设的组成部分，不仅是教学科研工作者，更是中国文化传播者，他们在国际交流合作中发挥着桥梁纽带作用，为高校国际化建设添砖加瓦。然而在实际工作中，国际人才存在引进难，管理难，发挥人才作用更难的现状。文章从高校文化建设入手，以浙江越秀外国语学院为例，介绍了对外籍教师社区平台管理模式的一种设计，旨在通过社区文化建设来达到人才引得进，留得住，用得好的管理目标。

关键词：高校国际人才；外籍教师；外教社区；文化建设

一、引言

当前正进入高等教育大众化新时代，高等学校在人才培养、科学研究、社会服务、文化传承创新等方面发挥了越来越突出的作用。高校在自身的发展中既有机遇，也面临着越来越大的挑战。办好一所高校，关键在于5个因素，即目标与理念、经费与资源、制度与设施、人才和文化。人才是高校发展最重要的因素，而高校文化是吸引和留住人才的第一要素。

二、高校文化特征

“文化”是一个组织的核心竞争力，是一所高校赖以生存发展的重要根基和血脉，是学校领导、教师、管理人员和学生在长期的办学实践中经过努力培育、积淀和创造的习惯。谢和平教授指出：“大学文化是由一个特殊的社会群体‘大学人’在对知识进行传承、整理、交流和创新的过程中形成的一种与大众文化或其他社会文化既相联系、又相区别的文化系统。”高校作为一个培养人的组织，有其独特的组织文化和功能。作为一所民办外国语学院，浙江越秀外国语学院注重人文精神、人文情怀、人文关怀，提倡爱岗爱校和学术自信，逐步形成了开放多元的文化特征，吸引了一大批中外教育工作者加盟学校，其中包括来自世界各地的国际人才。

三、国际人才管理

（一）管理对象分析

国际人才（通常称为外籍教师、外教）已成为高校师资队伍的一个重要组成部分。随着中国教育国际化的进一步推进，外籍教师不仅是衡量高校师资国际化的重要指标，也是服务教学科研工作的重要队伍，更是高校服务社会的重要载体。

浙江越秀外国语学院（简称“越秀外院”）从 1999 年开始聘请外籍教师。外籍教师来自世界各地，在学校担任 15 个语种的语言专业课程教学工作，面向 2 个校区、400 多个班级的学生授课。

这个特殊的群体有着多重身份，他们既是教师，又是外籍人士，他们来自世界各地，有着不同的文化背景和教育背景，有着不同的工作目标和职业规划，以及不同的思维方式和生活习惯。他们都是个性鲜明的个体，很多人参与高校教育教学工作是短期的或不固定的。群体的流动性、管理的复杂性以及语言交流障碍等，直接影响高校的教学秩序和教学质量，高校外籍教师管理面临着巨大的压力与挑战。

（二）管理目标定位

长期以来，高校将外籍教师习惯性的作为一个特殊团体来管理，但事实上外籍教师与本土教师一样，希望管理者把他们当成朋友和亲人，尊重他们的人格和尊严，在工作中被信任和认可，在生活中能为他们排忧解难，最终在和谐的环境中成就事业，实现价值与理想。

满足外籍教师的各种需求，让外籍教师安居乐业是高校管理服务的基本目标，将外籍教师为我所用，服务社会，创造高校国际化工作品牌是高校外籍教师工作的最终目标。

（三）管理机构设计

人之相识，贵在相知。相识相知需要组织机构和搭建的合适平台。德国社会学家 F. 滕尼斯(Ferdinand Tonnies)将人类群体分为两种类型，即社会(society)和社区(community，又称“共同体”)。社会是社会共同体，以目的、利益、契约以及距离为基础；社区则是生活共同体，以地域、意识、行为以及利益为特征。美国高等教育界经常谈论和使用“社区”的概念，在校的美籍教师定期或不定期地聚会和聊天，同时吸引了其他国家的外籍教师积极参与，形成了校园内独特的社团。学校从外教对社区的认可程度得到启发，形成了构建外籍教师社区的思路，并将外籍教师社区定位为外籍教师管理和服务工作的细化和延伸。

外籍教师社区是工作、生活在学校的外籍教师的集体组织。这个集体具有异于中国文化的共同或相似的文化信仰，因此，基于人类命运共同体理念，营造一种以中国文化为基础，大学文化为方向、多元文化并存，且为组织内部所有成员共同遵守的目标、信念、价值标准和行为规范的组织文化，实现和谐共处，共同发展，在价值观、思想方法和生活方式上找到相对一致的感觉是社区组织的核心所在。它是一种复合文化，是理念形态、制度行为、物质形态等 3 种文化的复合体。

四、社区文化建设

社区建设从根本上来说就是文化建设。文化是伴随着社区的产生而产生、发展而发展的，并在社区长期的发展过程中形成积淀，具有一定的稳定性和连续性。

(一) 社区文化建设原则

英国人类学家爱德华·泰勒(Edward Burnett Tylor)在《原始文化》一书中提出,文化包括知识、信仰、艺术、道德、法律、风俗以及人类在社会中所获得的一切能力与习惯。社区文化建设是一项系统工程,需要时间的积累和社区成员的共同参与和执行,并逐渐养成习惯。越秀外院外籍教师社区通过系列活动的设计,将不同国籍、不同年龄的外籍教师融合在团队里,调动了他们的主动性和积极性,获得了可持续发展。这项工作主要遵循以下几项原则。

1. 老少结合,新老结合

社区成员来自不同国家,而且年龄经常相差较大,在社区文化建设中我们将老与少相结合,将教学经验丰富的外籍教师和资历较浅的教师结对,通过导师制和"传帮带"的形式,将新老人员聚到一起,来充分理解中国的教育理念,高质量完成学校的教学科研任务。

2. 大小结合

社区活动按规模定义,"大"是指大型的社区活动,如经过专门设计、精心策划和组织的文化节、艺术节、文艺晚会等,参与者众,影响面广;"小"是指小型的社区活动,即那些常规的、每日每周都开展的、但又有一定组织安排的社区文化活动,如外语角、中文课、ZUMBA课、手工课、音乐沙龙等。

3. 中西结合

所谓中西结合,是指社区文化活动应当注重社区不同成员不同文化的需求,既要有亚洲国家传统优雅的文化活动,又有西方国家现代奔放的文体项目,从而使社区文化满足不同国家和地区教师的风俗习惯,兼顾不同类型的文化品位,让外教能体验不同的文化,理解包容异域文化。

4. 远近结合

"远"是指组织开展社区文化建设要有超前的意识,要有发展的眼光和整体的目标,并与学校人才培养目标和国际化校园建设相结合。"近"是指要有短期周密的安排、落实和反思,如对社区每月活动安排表的讨论与制作。

(二) 社区文化建设的内容

外籍教师社区的形成是其原生态生活环境的真实体现,是按国际惯例推出的管理模式，以及从实际出发形成的国际化服务体系，它包含了环境文化、行为文化、制度文化和精神文化建设。

1. 环境文化

环境文化是社区文化的第一个层面。在越秀外院，它是由学校、外教和学生外事义工共同创造和维护的人文环境。活动场所包含全校所有设施，如健身房、运动场、图书馆、咖啡屋等，其中最典型的就是外教之家，作为社区活动的核心场所，在装修设计和功能配备上都将国际社区应有的特点以及所需的文化设施、生活环境等因素考虑在内。

2. 行为文化

行为文化也被称为活动文化，是成员在交往、娱乐、生活、学习等过程中产生的动态文化。外教社区推出的一系列符合不同生活习惯和兴趣爱好的活动，旨在满足不同年龄外籍教师的学习和社交活动需要，建立良好的社交圈。

3. 制度文化

制度文化是社区成员在生活、娱乐、交往、学习等活动过程中形成，与社区精神、社区价值观、社区理想等相适应的规章制度、组织机构等。学校通过成立外教社区管理委员会来制定社区工作的相关制度，按计划有序开展活动，进行总结和反思，让社区成员养成良好的制度管理习惯。

4. 精神文化

精神文化是社区文化的核心，是社区独具特征的意识形态和文化观念，包括社区精神、社区道德、价值观念、社区理想、行为准则等。这是社区成员价值观、道德观生成的主要途径。环境文化、行为文化、制度文化都属于精神文化的外在体现。外教社区通过外在文化的建设，来促进精神文化的内涵建设。

（三）社区文化建设的功能

社区文化的形成赋予了其特殊的功能，包括引导功能、凝聚功能、娱乐功能、保障功能和宣传功能等。

1. 引导功能

外教社区文化的引导功能是指社区文化对社区成员的思想和行为的取

向具有引导作用，使之符合社区理想和目标。社区文化的引导功能既作用于社区成员个体的思想与行为，同时作用于社区整体的价值取向与行为。这种导向作用之所以能够实现，是因为一个社区的集体文化一旦形成，它就会建立起自身的价值系统和规范标准。如果社区成员在价值取向和行为取向上与“标准”产生不符的情况，社区文化将发挥引导作用，使之与标准相符合。当然，这种导向是潜移默化和自觉自愿的，是个体在主动认同基础上的彼此接受和融洽。例如社区倡导的对贫困或患病学生的捐款、赴偏远地区支教等活动，在社区中形成了一种积极向上和进取的精神，对社区成员的价值观和行为取向起到了很大的引导作用，传递了爱心，传播了正能量。

2. 凝聚功能

凝聚功能是指外教社区成员在共同目标、利益和信念的基础上，通过共建机制，使各种力量相互作用、相互吸引，从而形成一种特有的集聚或凝结性的社区合力和整体效应。社区文化犹如黏合剂，把社区内的成员“黏合”在一起，外籍教师社区通过多种文化活动吸引外教参与，使他们从生疏到认识，从认识到熟悉，增加认同感和归属感，从而产生一种凝聚力，形成共同的理想和希望。外教社区就像一个大家庭，每个外教都是家庭中的一员，社区文化使他们产生主人翁的责任感，使他们乐于参与社区的事务，发挥自己的特长和智慧，为社区的发展做出贡献，为学校的国际化建设添砖加瓦。

3. 娱乐功能

娱乐功能是指外籍教师社区文化能在外教工作之余，为其休闲生活提供一种轻松、舒适的环境。外籍教师作为个体不仅有物质方面的需求，更有精神方面的需要。他们背井离乡来到一个陌生的国家，语言不通或生活上的各种不适应可能让他们充满孤独感，甚至产生某种挫败感，而社区文化恰恰在很大的程度上满足了外教对精神生活的需求。社区为他们提供社交场地，这是一个轻松、愉快和舒适的环境，能够使他们从孤独和压力中解脱出来，得到精神上的享受，使每一天都过得充实、有意义，从而更好地投入教学工作。

4. 保障功能

社区文化能使社区成员从内心产生一种安全感和依赖感。社区提供了各种信息与服务，"有困难，找社区"是外教们对社区一致的评价。社区外教志愿者会主动负责新聘外籍老师到校的接待和培训工作，包括准备外籍教师手册，更新信息，参与培训，并认真研究接待的各个环节，提出建议与意见；从机场接机、校园参观、市区购物、宿舍使用到各种卡的办理逐一为其讲解，帮助新外教缩短在越秀外院工作与生活的磨合期。

另外，社区物业中心提供各种后勤保障，让外籍教师享受无语言障碍、甚至比其本国更高效和更优质的服务。

5. 宣传功能

在和谐的社区文化中，外籍教师们在越秀外院安居乐业。他们热爱学校，工作兢兢业业，努力回报师生关怀，成为当地各大媒体的焦点，他们热爱生活，积极参与省市大型活动，宣传学校和所在城市；他们体验中国文化，乐意讲好中国故事，吸引了一大批新外教加盟，曾在此任职的很多老外教也愿意重新返校工作。国际社区文化已成为外教选择越秀外院的理由之一。

五、结语

外籍教师社区形成的文化是凝聚力工程建设的具体表现，其引导外籍教师的思想和行为，使之符合外籍教师社区的理想和目标，对外籍教师的价值取向和行为取向起到了很大的引导作用。其还吸引外籍教师主动参与中国教师间的活动，主动作为，传播正能量，是越秀外院外籍教师管理行之有效的工作方法，并已发展成一个可持续的良性循环的管理和服务体系，可以为兄弟院校在该领域的工作提供一个可贵的参考样板。

（作者单位：陆海萍，浙江越秀外国语学院。电子邮箱：joannafad@163.com）

参考文献

[1] 邸燕茹. 大学文化的内涵、特征和功能[J]. 思想教育研究，2013(04)：62-64.
[2] 李雪萍，曹朝龙. 社区社会组织与社区公共空间的生产[J]. 城市问题，2013(6)：85-89.
[3] 张巍卓. 滕尼斯与齐美尔：社会伦理同文化伦理的分流[J]. 社会，2019,39(2)：214-241.

[4] 周建国.共同体精神与和谐社区[J].华东理工大学学报(社会科学版),2007(4):7-14.
[5] 滕尼斯.共同体与社会——纯粹社会学的基本概念[M].林荣远,译.北京:商务印书馆,1999.
[6] 泰勒.原始文化:神话、哲学、宗教、语言、艺术和习俗发展之研究[M].连树声,译.桂林:广西师范大学出版社,2005.

在疫情新常态背景下民办高校国际交流合作发展思考与探索

——以上外贤达学院教育国际化特色发展为例

王　婷

摘　要: 新冠肺炎疫情全球爆发,对国际交流合作造成不可逆的影响。面对百年未有之大变局,中国始终坚持教育对外开放不动摇,主动加强同世界各国的文化互鉴,形成更全方位、宽领域、多层次、更主动的教育对外开放局面。上海外国语大学贤达经济人文学院作为一所民办高校,积极响应国家号召,依托全球优质教育资源,开展国际交流与合作,紧紧围绕深化推进教育国际化特色发展战略目标,提升中外人文交流,加强国际化人才培养,进一步推进教育国际化内涵式发展。

关键词: 高校国际交流;新时代教育对外开放;线上教学;疫情新常态

一、引言

从 2019 年底开始,新冠肺炎疫情蔓延给全球政治、经济、文化交流、教育等领域均带来重大影响和冲击。目前,中国疫情得到有效遏制,仅存在一些散发性案例。但海外部分国家各自为政,缺失全球抗疫合力,甚至把抗疫政治化、消极化,导致其疫情不断反复,形势依然严峻。所以,疫情不会完全消失,在全球范围内仍继续存在,甚至随时可能小规模爆发。抗疫已经成为我们生活的新常态,其对人们生活方式、教育交流形式等方面的影响依然存在并将延续。

虽然疫情对国际交流合作造成的影响是不可逆的，但全球化的大势不可阻挡，所以面对疫情之后复杂的国际政治形势和经济环境，国内各高校应及时认清和判断开展国际交流与合作所面临的困难与挑战，深入思考如何在疫情新常态背景下，创新开展国际交流合作的思路与方法，从容应对外部环境的新变化，努力在危机中育新机，于变局中开新局，在疫情新常态背景下，把握新机遇，应对新挑战，迎难而上，转危为安，尽最大可能降低全球疫情对高校国际交流与合作带来的影响。

二、疫情给高校国际交流项目造成的冲击和影响

(一) 疫情造成学生赴海外交流学习受阻

根据联合国发布的《新型冠状病毒肺炎疫情期间及以后的教育政策简报》，此次疫情对教育系统造成了有史以来最严重的破坏，“全球超过 191 个国家和地区关闭学校和教育机构，近 16 亿学生因此而受影响。”(钟秉林，南晓鹏，2021)“根据 QS 公司的抽样调查，自 2020 年 4 月起，全球范围内约有 63%的学生推迟海外学习计划至 2021 年，10%的学生决定取消出国学习的计划，11%的学生明确表示将改变计划，并有 16%的学生持观望态度。”(郑淳，闫月勤，2021)

随着世界卫生组织(WHO)正式将新冠肺炎疫情列为国际关注的突发公共卫生事件(PHEIC)，多国政府采取了应急措施。航班减少、签证暂缓、入境限制、出国类语言考试取消等措施接踵而来，这些对有意赴海外交流学习的学生造成了不同程度的影响。部分西方国家趁机出台政策，限制中国的留学生，尤其在某些尖端科学专业领域。中国学生赴美留学受到严重影响，“2020 年 6 月份，只有 8 名中国学生获得赴美学生签证，8 人获得访问学者签证；而在 2019 年的同一个时期，这两个数字分别是 34 001 人和 5 736 人。”(钟秉林，南晓鹏，2021)

(二) 疫情对上外贤达学院国际交流工作的影响

以上外贤达学院为例，2019 年度本科生出国交流学生总人数为 288 人，其中参加寒假、暑期短期海外交流学习项目人数为 53 人；2020 年本科

生出国交流学生总数骤降至 77 人(包括在国内参加线上交流学习的人数),参加短期海外交流项目的人数仅为 3 人(全部在国内参加线上项目,并未出境),出国交流总人数比上一年度同比降低了 73.3%。特别是海外疫情的大规模爆发,对学生出国交流学习的积极性造成极大影响,在疫情之前有留学计划的学生大部分选择放弃或延后;仍选择继续参加海外交流项目的学生,近一半选择留在国内接受线上教学。

疫情除了对学生出国交流学习意愿造成影响外,各国针对疫情防控政策的出台和调整也在客观上阻碍了学生的出国交流步伐,例如部分国家使领馆长时间暂停办理签证业务,导致学生因无法办理签证而中途退出项目;因海外交流学习目的国的入境政策变更、城市封锁或航班取消,很多学生只能选择在国内申请注册,接受线上教学;部分海外交流项目方主动提出延后启动交流项目;许多国外高校不具备复课复学的条件,并且出于防疫防控要求和个人身心健康的考虑,部分在读生也被迫在国外或国内进行线上课程学习等。同时,由于疫情期间海外多国社会少数民众出现对华的敌对情绪、对华学生的不友好行为,极大打击了学生的出国交流热情。比如疫情严重的美国,2020 年上外贤达学院选择赴美交流的学生数锐减至 1 人,且该生至今仍在国内接受线上授课,并未出境前往美国。以上提及的各方面因素也使海外短期交流项目严重受挫。

三、疫情新常态背景下中国对于国际交流与合作的政策

(一) 教育部等八部门的指导意见

2020 年 6 月,教育部等八部门印发《关于加快和扩大新时代教育对外开放的意见》(以下简称《意见》),对疫情期间高校的国际交流与合作工作提出了一系列高瞻远瞩、根本性的要求。这部《意见》是在 3 个"前所未有"的背景下出台的。

1. 党中央、国务院对教育对外开放的重视程度"前所未有"

党中央、国务院高度重视教育对外开放。中共十八大以来,习近平总书记作出一系列重要指示、批示,在"一带一路"国际合作高峰论坛、中国国际进口博览会、博鳌亚洲论坛等重大场合,多次向世界宣示中国将扩大教育开

放，为新时代教育对外开放擘画了宏伟蓝图。教育部等相关部门深入学习贯彻习近平新时代中国特色社会主义思想和全国教育大会精神，积极落实习总书记上述指示和批示，在总结近年来教育对外开放制度创新和实践经验的基础上，立足新时代，适应新形势，落实新要求，研究制定了这部《意见》。

2. 目前中国所面对的国际形势的复杂程度“前所未有”

以美国为例，目前美国在经贸、科技、文化、教育等多个领域企图打压、遏制中国，其中在科技和教育领域，美方的做法对中美双方的正常交流造成了严重的冲击，实际上是想借防疫之名，行脱钩之实，阻挠中国的科技发展和人才培养工作。例如自疫情开始至2020年6月，中国只有8名公派留学人员获得赴美签证；美方无故关停近40％的在美孔子学院和中国驻休斯顿领事馆，导致中美关系陷入谷底。但即便在这样错综复杂的特殊背景下，中国依然要抓住合作机遇，重回合作轨道，向世界宣示中国坚持教育对外开放不动摇的坚定决心，以及在危机中育新机、于变局中开新局的坚强信心。

3. 教育对外开放的良好局面和基础“前所未有”

《意见》是在中国特色社会主义进入新时代，全国教育大会确立了加快推进教育现代化、建设教育强国、办好人民满意的教育目标任务的总体背景下出台的，凸显了教育对外开放在中国教育事业和全面开放新格局中的地位和作用。随着中国教育整体水平跃居世界中上行列，中国的教育合作伙伴已遍布全球，同教育领域的重要国际组织开展了密切合作。中国在全球范围的国际学生流动中占据了举足轻重的地位，是世界最大的国际学生生源国和亚洲最大的留学目的地国。

由此可见《意见》的出台十分及时，其要求各教育单位严格遵守“提质”和“增效”的原则，主动引领、有序开放，以期推动教育对外开放实现高质量内涵式发展。

（二）上外贤达学院如何贯彻和落实《意见》要求

《意见》中明确：“加快和扩大新时代教育对外开放，是教育发展的需要，是时代发展的需要。中国将始终高举合作共赢旗帜，致力于深化拓展与世界各国在教育领域的互利合作和交流互鉴，为推动构建人类命运共同体贡献力量。”

近期，全球范围内的疫情虽有区域性不同规模的反复，但总体上可控，且社会秩序在逐步恢复。面对后疫情时代的新局面，上外贤达学院应以积极的态度开展国际教育交流与合作，积极响应国家号召，继续坚持开放办学，主动加强同世界各国合作院校的“互鉴、互容、互通”（顾明远，滕珺，2020），形成全方位、宽领域、多层次、更加主动的教育对外开放局面。在疫情新常态背景下稳中求进、有序推进学校国际化发展。上外贤达学院高度重视与各海外合作院校的友好合作伙伴关系，愿协同各海外合作方在疫情新常态背景下，进一步加强紧密沟通协作，保持各国际交流与合作项目的安全、稳定和可持续发展。

四、把握后疫情时代新机遇，开创疫情新常态背景下国际交流新局面

疫情加剧了全球局势的动荡，面对这百年未遇之大变局，传统的国际交流与合作模式必然会面临着较大的考验。疫情爆发后，中国积极应对，部署疫情防控工作，教育部要求推出延迟开学，各高校积极开展在线教学活动，落实“停课不停教、停课不停学”（蔡荃，童骏，王政，2021）等系列措施，各高校对线上教学均有了不同程度的探索，为国际交流项目转至线上开展创造了良好条件。

以上外贤达学院为例，学校积极应对挑战，及时调整了国际交流的形式和媒介，邀请了英、美、德、法、西班牙、突尼斯等多国的资深外籍教师，在线上有序开展了文化、学术、国际化等主题讲座及或研讨交流会，受众面达1 000余名学生，在培养学生外语技能、提升多元文化理解和包容度的基础上，进一步拓宽学生的国际视野，提升学生跨文化沟通交流能力，重振其赴海外学习的积极性，同时维护和稳步推进学校与海外合作院校的交流，努力在危机中育新机，于变局中开新局，以期将疫情对学校国际交流与合作产生的影响降到最低，同时为在疫情新常态背景下，做好学校国际交流和留学服务工作奠定扎实的基础。

(一) 积极开拓合作渠道，提升线上与线下相结合的国际项目水平

上外贤达学院依托全球优质教育资源，为学校师生创造进入世界一流教育和研究机构学习、交流、深造的渠道和机会，营造开放的人才培养和教学科研氛围。同时注重提升国际交流合作的质量与效益，拓展新的、契合学校办学战略的高层次海外合作伙伴，特别是开拓与世界知名甚至顶尖院校间的合作。学校根据国际形势变化，遵循国家的外教政策指引，拓展、优化长期交流学习项目，以及短期远程科研、在线学习、实践、实习类项目。

1. 美国超一流名校远程科研项目

开拓的远程科研项目合作高校包括哈佛大学、哥伦比亚大学、耶鲁大学、宾夕法尼亚、南加州大学、加州理工大学等美国顶级学府，涵盖的课程主题有：教育学与教育管理，商业与管理，人文与社会科学，金融工程与数据分析等。

以哈佛大学的教育学与教育管理专业远程科研项目为例，该项目由哈佛大学知名教师讲授精选课程、指导科研报告，博士生助教随堂解析课程内容、协助学员撰写科研报告、提供报告修改意见。项目涵盖专业课程、辅导课程、小组项目、科研报告等内容，最大程度地让学生在短时间内体验哈佛大学的学术特色，提升自身知识储备、专业技能及科研能力。顺利完成项目后，学生将获得结业证书、学员推荐证明信、科研报告。获得科研报告最优小组的学生还将获得优秀学员证明，这无疑是无法出国境参与海外交流学习项目的学生提升学术水平的另一有效途径，可为后续海外续硕申请夯实基础。

2. 英国顶级学府在线学术课程

在线学术课程项目合作方有英国剑桥大学和帝国理工大学，覆盖的专业主题有：国际经济与金融，商业与管理，青年领袖与国际关系，教育学，人文学与西方文化，全球领导力与英语文化。

以英国剑桥大学的在线学术课程为例，该课程在剑桥大学格顿学院的在线学习平台 Moodle 上展开，由专业领域教师授课，项目涵盖专业课程、辅导课程、结业汇报等内容，最大程度让学生在短时间内体验剑桥大学的学术特色、提升自身知识储备。课程结束后，主办学院将为学生颁发结业证书

与成绩评定报告。让学生可以不出国门，体验世界一流名校的学习氛围。

3. 联合国国际组织人才培养在线项目

该项目由联合国相关部门设计，在联合国在线学习平台上开展，旨在拉近学生与联合国的距离，增加对联合国的了解，提升学生在国际事务中的知识储备与技能，有效且高效地适应国际多边环境。项目包括“国际组织人才培养”和“青年外交官”两大主题，由联合国各主要机构的专家、经验丰富的外交官和高级国际官员执教，主题内容包括联合国实习生的模拟面试环节和申请材料审核，非常契合教育部等八部门《意见》中关于着力加强和提升国际组织实习培养计划、培养国际组织人才的改革任务要求。学生在联合国专家和学者的指引下可以更好地提升个人专业知识与职业技能，树立国际化视野，这将对学生的未来择业和个人发展产生积极、正面的影响。

4. “一带一路”沿线国家优质在线交流项目

2013 年，中国正式提出“一带一路”倡议，是最重要的国家倡议之一，而服务国家倡议的能力被视作高校核心竞争力的重要组成部分。上外贤达学院高度重视、积极拓展与“一带一路”沿线国家高等院校的合作交流。在疫情新常态背景下，积极引进包括新加坡国立大学、南洋理工大学、俄罗斯联邦总统行政学院、埃及亚历山大大学、匈牙利多瑙新城大学的在线学术课程，进一步开阔学生的学术视野，积极培育服务“一带一路”倡议的高校人才。

5. 粤港澳大湾区(GBA)一流学府线上、线下交流项目

推进粤港澳大湾区建设，是以习近平同志为核心的党中央做出的重大决策。建设粤港澳大湾区，既是新时代推动形成全面开放新格局的尝试，也是推动“一国两制”事业发展的实践。粤港澳大湾区不仅要建成充满活力的世界级城市群、国际科技创新中心、也是“一带一路”建设的重要支撑、内地与港澳深度合作示范区，成为高质量发展的典范。其中，教育文化交流与合作是至关重要的一部分。上外贤达学院积极开拓引进包括澳门大学线下访学项目，香港中文大学、香港浸会大学等商科、新闻传媒类在线学术课程，英国保诚(香港)远程实习项目等，以期满足学生在国内接受名校口碑课程、获取前沿知识、提升专业能力、接触并了解世界各行名企、接受相关领域职业

技能和素质实训、明确职业规划的诉求。

(二) 推进中外学生双向交流,打造国际化校园

在疫情新常态背景下,高等教育国际交流合作和全球人才流动出现新局面。尽管国内学生出国留学在一定程度上遭遇临时性困难,但鉴于中国抗疫的卓越成效和经济生产力的迅速恢复,来华留学吸引力稳步增长,特别是来自"一带一路"沿线一些友好国家的学生。

上外贤达学院在深化与海外重点合作院校的合作交流基础上,注重国内国外培养的有机融合,旨在打造贤达品牌特色留学生教育文化交流课程体系,以海外合作院校互换生项目为契机,招收外国留学生来校交流学习,实现外国留学生零的突破。通过中外学生双向交流,打造国际化学习平台,构建国际化校园。

(三) 做好疫情常态化背景下留学服务工作

上外贤达学院将继续完善留学服务工作机制以及过程管理体系。在疫情新常态背景下,坚持将留学人员身体健康和生命安全放在首位,加强出国留学人员行前培训工作,协同海外院校、中国驻外使领馆针对海外留学人员做好防疫指导、安全教育和学业帮助及心理疏导,以实现学校教育国际化事业在疫情新常态背景下的可持续发展。

(四) 提升和完善外籍教师师资队伍建设

上外贤达学院将《意见》相关要求,在过去工作成果的基础上,继续改革人才引进方式,关注和解决引进人才的安全问题;完善外籍教师管理机制,加强对外籍教师宣传介绍中国特色社会主义建设成果和绚烂瑰丽的中华传统文化,杜绝反华意识形态渗透;注重提升外籍教师专业结构与层次水平,加大高素质、高水平的外语类、专业类外籍教师的引进力度,开展多层次学术访问和科研合作,提升外教教学、科研、学术及文化交流覆盖面。

五、结语

当前疫情新常态化的大背景对高校的教育国际化内涵建设工作提出了新的要求和挑战,要求我们实时关注国际形势变化,严格遵循中国外交政策和教育开放政策指引,契合学校办学战略目标,在加强和拓展与世界发达国家名校间的国际交流与合作之外，还要积极推进与“一带一路”沿线国家高校，以及中国香港、澳门等大湾区高校之间的合作与联动。要依托全球优质教育资源，为师生创造进入世界一流教育、研究机构学习、交流、深造的渠道和机会，营造开放的人才培养和教学科研氛围。在后疫情时代，尤其要注意创新工作理念，优化工作思路，预见问题，有效干预突发事件，充分调动发挥各方资源，内外联动，开展线上线下相结合的涉外交流活动，并紧紧围绕深化推进教育国际化特色发展战略目标要求，提升中外人文交流层次和水平，实现国际化人才培养工作的可持续发展。

（作者单位：王婷，上海外国语大学贤达经济人文学院。电子邮箱：1220010@xdsisu. edu. cn）

参考文献

[1] 蔡荃，童骏，王政. 后疫情时代高校学生短期国际交流项目探索与实践——以浙江大学文科特色线上课程交流项目为例[J]. 中国多媒体与网络教学学报（上旬刊），2021(1)：58-60.

[2] 顾明远，滕珺. 后疫情时代教育国际交流与合作的新挑战与新机遇[J]. 比较教育研究，2020，42(9)：3-7+13.

[3] 郑淳，闫月勤. 后疫情时代中国高等教育国际化发展研究[J]. 学术探索，2021(3)：147-156.

[4] 钟秉林，南晓鹏. 后疫情时代我国高等教育发展的宏观思考[J]. 教育研究，2021，42(05)：108-116.

[5] 中华人民共和国教育部. 教育部等八部门印发意见　加快和扩大新时代教育对外开放[EB/OL].（2020-06-23）. http：//www. moe. gov. cn/jyb_xwfb/s5147/202006/t20200623_467784. html.

第三部分
专业教学

欧标 B2 级测量要素在 DELF 中的体现及应对策略

丁虹惠

摘　要：近几年来，随着法国高等教育体制越来越为国人所熟悉，DELF/DALF 考试也在法语学习者中广泛流传开来。根据法国国际教学研究中心的调查显示，2018 年，共有 5 969 名法语学习者在中国参加各等级的 DELF/DALF 考试，这几乎是 2016 年的 2 倍(5 969 人)。本文将简单介绍 DELF/DALF 考试，并从听力理解、阅读理解、书面表达和口语表达等 4 个方面来简单阐述考生该如何备考 DELF B2 考试。

关键词：欧盟语言学习标准；DELF；中国法语学习；法语测试

一、引言

DELF(Diplôme d'études en langue française，初级法语水平证书，分 A1、A2、B1、B2 等 4 个等级）和 DALF（Diplôme approfondi de langue française，高级法语水平证书，分 C1、C2 等 2 个等级）是法国国民教育部颁发、证明外国学习者法语语言能力的官方文凭，依据欧盟语言学习标准框架(简称"欧标")制定。该考试从听、说、读、写等 4 个方面考察学习者的法语综合能力。每个等级的满分都是 100 分，每部分各占 25 分。考生总分超过 50 分且每部分的小分不低于 5 分视为通过。该考试与大家熟知的 TCF/TEF 考试不同，TCF/TEF 是为赴法留学申请者准备的 TEST(测试)，有效期1年。而DELF/DALF考试是终身文凭(当然,在实际操作中,很多法国学校只认5年以内的成绩)。

一般而言,申请法国公立大学本科须提供DELF B2文凭,申请研究生则须具备C1水平。根据2008年1月18日法令,获得DELF B2级文凭可免除法国大学入学语言测试;而获得DALF文凭的外国学习者在申请法国大学时亦可免除其他法语水平测试。因此我们可以说,DELF B2是留学法国的敲门砖。实际上,报考DELF B2的考生数量也一直是各等级中最高的。

为了保持并提高DELF/DALF考试的质量,法国国际教学研究中心决定修订A2、B1和B2级别考试的测评标准。新版考试从2020年开始开放,并逐渐取代旧版本,直到2023年将全部替代旧版本考试,本文所列内容以新版本考试为准。

二、备考DELF B2听力理解

(一) 欧标要求

根据欧标要求,DELF B2考试的听力部分要求考生能够理解生活中常见话题(如个人、社会、学业或职业等)的规范口语(langue standard),并正确理解说话者的语气、观点和信息。可以借助于提示理解熟悉主题下的冗长演讲和复杂论证。

(二) 考试内容

DELF B2考试改版之后,由原来的2个练习变成了3个练习。前两个练习约5分钟一条,考生可以听2遍,第三个练习由3则短小的新闻节选构成。从题型上看,取消了原有的主观题,只保留选择题,这在一定程度上降低了考生做题的难度。听力素材则保持不变,主要是以采访、信息公告、陈述、报告会、演讲、电台或广播节目为主。

(三) 解题技巧

1. 充分审题

在听力前两个练习中,录音正式开始前会留有1分钟时间给考生审题,第一遍结束后留有30秒时间答题,第二遍结束后留有1分钟时间答题。第三个练习只听一遍，每个小段之前都留有 15 秒审题时间，每段之后则留有 20 秒给考生答题。

整个听力理解会持续约 30 分钟时间，考试时考生要充分利用这些间隙时间，认真审题。这将有利于考生预测所听内容的主题、类型和形式，降低考生做题时的心理压力。同时，由于 DELF 考试题目的顺序与录音中答案出现的顺序是基本一致的，所以认真审题也可以帮助考生更加有效的定位正确答案。即使出现某段内容没有听懂的情况，也不影响后续题目的解答。

2. 捕捉关键词

无论是熟悉还是不熟悉的主题，考生在做听力题时，都要学会通过捕捉关键词，定位正确答案。例如：

(　　) Faire du sport *le matin* est considéré comme *un luxe* car ...

[A] tous les emplois ne le permettent pas.

[B] la vie de famille est parfois contraignante.

[C] on ne peut pas toujours en faire près de chez soi.

在该题中，题干部分的 matin 和 luxe 两个单词可被认为关键词，帮助我们在听力材料中定位答案。在听力文本的最后部分，我们将听到如下内容：

... il ne faut pas oublier que la pratique *matinale* du sport est *un luxe*, ceux qui travaillent très tôt ou ceux qui travaillent de nuit sont exclus de ce mode de vie.

因此，通过捕捉 matinale 和 luxe 两个单词，我们定位正确答案应该是 A，即不是所有职业的人士都满足早起的条件。除此之外，关键词还包括数字、地点、人物等细节信息，也包括表示原因、转折等容易被忽略的连词，这

些地方都是容易出题的地方。例如，

(　　) *Du fait de* cette organisation, les employés ...

[A] rentrent parfois travailler chez eux.

[B] louent des espaces pour travailler tranquillement.

[C] organisent leurs rendez-vous à l'extérieur de l'entreprise.

该题中的 du fait de 是一个表示原因的介词词组，提示考生注意听力材料中的因果关系。

3. 辨别语气

听力题型经常碰到电台节目，例如几个人就一个问题进行辩论等。这种类型的听力，语速往往比较快，考生有时候不能完全记下所听内容，正确辨别语气则可以帮助考生判读说话人的态度和观点。

(四) 如何备考?

听力不是一朝一夕就能提高的技能，考生需要在平时就注意积累经验。备考建议如下：

1. 总结题型

在做听力练习时，应擅于总结题型。一般来说，听力理解会有三大类题型：主旨要义题、事实细节题和逻辑推理题。主旨要义题要求考生能够听懂信息的主要内容；事实细节题要求考生听懂一些细节信息，如数字等；逻辑推理题则要求考生理解前后信息之间的逻辑关系。弄懂题型有助于考生更好的抓取有用信息。

2. 自定练习时间，减少对词典的依赖

考生在平时练习时要养成在规定时间内完成练习的习惯，不要因为某道题没有做出来就反复听文本，导致耽搁其他题目。同时，尽量避免在做题时查阅字典，以减少对字典的过度依赖，从而更好地训练通过前后关系猜测词义的能力。

3. 完成练习后，重新思考难题

考生在做完全部练习之后，如果还有剩余的时间，这时可以重新思考难题，也可以对比听力文本和查阅字典。

4. 了解各方面内容

DELF B2 的听力理解主题很多，考生在平时需注意广泛阅读和涉猎，积累法国生活的方方面面知识，同时也要注意积累有关其他法语国家和地区的信息。

三、DELF B2 阅读理解

（一）欧标要求和考试内容

根据欧标要求，DELF B2 水平的阅读理解要求考生能高度自主地阅读，根据不同的文本和目的调整阅读方式和速度。在词汇方面，有的考生已掌握并会应用的词汇量较大，但遇到一些不常用的表达方式时仍然会产生理解困难。（戴冬梅，2017）

DELF B2 考试改版之后，阅读理解由原来的 2 个练习变成 3 个，时长不变，仍然是 1 小时。前两篇文章保留了原来的类型，即信息类文章（informatif）或论述型文章（argumentatif），增加了练习三"多人物观点理解"，文章常常选自各大报刊。从题型上看，和听力理解一样，取消了原有的主观题，只保留选择题。

（二）备考注意点

阅读理解和听力理解在解题技巧和备考注意点上都有相似之处，如关键词的捕捉、题型总结、主题多样化、平时练习时注意时长和词典的正确使用等。关于阅读理解，需额外注意以下几点：

1. 无论是哪种类型的文章，在做题时尽可能从原文中找到佐证。老版本的 DELF B2 考试经常会让考生从文章中选择佐证材料（justification），新版本虽然只有选择题，但还是建议考生尽量从原文中寻找选择该选项的佐证部分。

2. 考生在平时阅读和做相关练习时，除了努力理解和积累新的语法和词汇知识点，还需要培养自己的语篇能力，例如明确代词所指内容，又如转折连词所在处前后之间的转折关系等。

四、DELF B2 书面表达

(一) 欧框要求和考试内容

根据欧框要求,B2 阶段考生可以撰写评论或报告,就某个特定观点展开论证,说明理由并阐述不同选择的利弊等;能够写信讲述获得的信息,表达观点,强调对自己重要的部分以及评论他人的观点。(戴冬梅,2010)

总体说来,DELF B2 的写作要求考生在一小时内写一篇长度为不少于 250 字的文章,文章类型可能是评论文章或者正式信件。

(二) 评分表(grille d'évaluation)

书面表达与阅读理解、听力理解不同之处在于,此项内容有专门的评分表格。一般来说,每篇考生的作文会有两位考官评分,取平均分。因此,要在书面表达上尽量多拿分,需事先清楚地了解分值的分布。DELF B2 评分表分为 3 个部分:写作论证能力、词汇能力和语法能力。

1. 写作论证能力

写作论证能力共 14 分。第一项为遵守题干要求(2 分);第二项为社会语言层次(2 分);第三项陈述事实(3 分);第四项表达立场并进行论述(3 分);第五项为前后衔接(4 分)。

2. 词汇能力

词汇能力共 5 分。第一项为词汇量(2 分);第二项为词汇掌握度(2 分);第三项为词汇拼写(1 分)。

3. 语法能力

语法能力共 6 分。主要考察考生语法运用(4 分)和句子结构(2 分)。

(三) 备考注意点

考生在平时练习时,应特别注意以下几点内容:

1. 提高应答前审题质量

以下题目给我们提供一个很好的审题样例:

Vous avez lu un reportage choquant sur les pratiques d'une entreprise qui provoque une catastrophe écologiques. Vous écrivez au courrier des lecteurs du journal qui a publié ce reportage pour partager votre indignation et proposer des pistes d'actions. Vous exposez votre point de vue dans un texte argumenté et illustré d'exemples précis. (徐艳,2017)

根据题干要求,考生必须在作文中写到"表达愤怒"和"提出整治提议",且在表达观点的时候辅以翔实的事例才算完整。另外,考生要特别注意最低字数要求,一般是 250 个单词。

2. 三段式结构

三段式结构指的是引言(introduction)、正文(développement)和结论(conclusion)。无论是哪个类型的文章,在 B2 写作中都需要用到该结构,且在引言部分,在引出主题后,考生需要列出文章结构(annoncer le plan)。当然,出于语言自然性的考虑,信件不需要遵守这条建议。接下来,在正文部分,考生需要通过正反两面来论证,并加上具体事例作为论证依据。另外,在考试时,建议考生将自己的观点保留到最后总结时再出现。同上,涉及信件时,考生观点则需要在一开始说明写信缘由时就体现出来。

3. 变换单词

考生在写作时,要学会变化单词。例如:

Un homme est tombé du train. Le malheureux s'est cassé la jambe. Cet imbécile voulait descendre avant l'arrêt du train.

这个句子描写了一个男人的事故,这个未知姓名的男人会经常出现。为避免重复,文中用了 le malheureux(不幸的人)和 cet imbécile(这个傻瓜)来代替。

4. 连词的使用

B2 的写作特别重视段落与段落、句子与句子之间前后关系的链接。这就要求考生平时要多积累相关连词,例如表示因果、转折、让步等的结构,且要学会正确使用,例如 à cause de、grâce à 与 parce que 之间的区别与联系。

五、DELF B2 口语表达

DELF B2 的口语表达部分要求考生在一篇小文章的基础上阐明观点并为自己的观点辩护，口试前考生有 30 分钟的准备时间。整个口语表达分两部分进行：自述和与考官辩论。

(一) 评分表(grille d'évaluation)

口语表达也有专门的评分表格。一个考场会有两个考官。一般来说，考生考完后，考官各自评分后给出平均分即为考生最后成绩。DELF B2 口语表达的评分表分为 3 个部分：自述、辩论、综评。

1. 自述：自述部分总分 7 分，主要考察考生从所给文章中概括主题并引出自述的能力(1.5 分)，提出论点并进行论证的能力(3 分)，观点之间逻辑关系清晰(2.5 分)。

2. 辩论：辩论部分总分 6 分，主要考察考生明确自身观点并给以更精确说明的能力(3 分)，通过辩论回应考官论证的能力(3 分)。

3. 总体综评：综评部分总分 12 分，分为词汇(4 分)、语法(5 分)和语音语调(3 分)。

(二) 备考注意点

1. 控制时间

口语考试总长为 20 分钟，平时练习时，也要注意控制时间。一般来说，在考场上，自述部分应不低于 8 分钟。辩论部分，则需要看考官所提问题而定。总体说来，整个口试时间在 15 分钟左右。

2. 重视结构

考生在开考前会有 30 分钟的准备时间，考生需利用这段时间，整理出有效的自述结构。一般来说，口语表达和书面表达一样，也要求考生采用三段式结构。其中，引言部分更应注意，考生需要先指明原文出处并从中提炼主题，其次用简练的语言概括原文，并引出这个主题值得探讨的地方(problématique)，最后给出自述的思路。这样整个引言部分才算完整。

六、结语

综上所述，我们看到，要通过 DELF B2 考试，不是一项朝夕之间就能完成准备的工作，考生应在平时就注重词汇的积累和练习正确使用语言。同时，要努力培养自己的论证能力，无论是书面表达还是口语表达，这个能力都是至关重要的。最后，考生应该要扩大自己的知识面，了解法国以及其他主要法语国家和地区社会生活的方方面面。

透过 DELF 考试中所体现的欧标 B2 级测量要素以及上述分析和备考建议，我们更应看到，外方依据欧标制订的法语水平测试与国内学业考试和全国法语等级考试（法语专四、专八和大学法语四级）十分不同，这是我们作为教师和管理者必须看到和重视的。原则上我们不能放弃国内传统的测试手段，这对于培养为我所用的社会主义建设高级法语人才十分重要，但在学科和专业层面，我们同时也需要两条腿走路，认真研究和分析所授语言对象国的做法，汲取其中新的元素改善我们自主的考试，才能更好地以考促学，使我们讲授、学生学习的内容更贴近现实的语言和对象国社会的关注点，切实避免成为“哑巴法语”。因此，我们建议开展法语专业教学的院校除了继续重视和做好学业考试以及帮助学生备考全国法语等级考试之外，更多地鼓励和帮助学生参与 DELF、DALF 等外方测试，并对测试成绩予以同等认可。

（作者单位：丁虹惠，上海外国语大学贤达经济人文学院。电子邮箱：2011073@xdsisu. edu. cn）

参考文献

[1] 戴冬梅，等. 法语 DELF 考试全攻略（B2）[M]. 北京：外语教学与研究出版社，2010.

[2] 欧洲理事会文化合作教育委员会. 欧洲语言共同参考框架：学习，教学，评估[M]. 刘骏，傅荣，等，译. 北京：外语教学与研究出版社，2008.

[3] 刘轩. 法语 DELF B2 考试听力理解教学分析[J]. 长江丛刊，2019(15)：64+66.

[4] 宋元元. 浅谈文化语境在法语阅读教学中的重要性[J]. 才智，2019(13)：48.

[5] 王思扬. 浅谈法语 DELF(B2)水平测试写作能力提升技巧[J]. 教育观察（上半月），2017，6(9)：115 - 116.

[6] 徐艳，等. 法语 DELF 高分突破(B2)[M]. 北京：外语教学与研究出版社，2017.

浅谈新形势下民办高校国际化人才培养模式
——以上外贤达国际交流学院为例

马　华

摘　要：在教育国际化背景下，民办高校中外合作办学发展迅速，规模不断扩大，层次不断提升，其在培养人才和促进高等教育事业发展中所发挥的作用不断加强，如何创新国际化人才培养模式，拓展国际间的交流与合作是民办高校亟待解决的问题。本文阐述了民办高校国际化人才培养的困局，总结了上外贤达国际交流学院实施人才培养改革的经验，并探讨了学院在人才培养方面的新举措。

关键词：教育国际化；民办高校；人才培养模式

一、引言

联合国教科文组织于20世纪80年代提出了“高等教育国际化”的概念，随后中国也陆续出台了相关的制度和政策。《国家中长期教育改革和发展规划纲要（2010—2020年）》（简称《纲要》）指出要扩大教育对外开放，“开展多层次、宽领域的教育交流与合作，提高我国教育国际化水平”，“鼓励各级各类学校吸引境外知名学校、教育和科研机构以及企业，合作设立教育教学、实训、研究机构或项目”，“支持中外大学间的教师互派、学生互换、学分互认和学位互授联授”。

《纲要》为民办高校指明了方向，即注重人才培养模式的国际化发展战略与多元化需求，培养具有国际视野、能够参与国际竞争的人才。正如河北省民办教育协会副会长刘文魁在该协会 2010 年年会上指出，中国民办高校在经历了"自觉竞争(或规模竞争)"和"不自觉竞争(或内涵竞争)"后迅速崛起，现已成为中国高等教育事业的重要组成部分。

二、民办高校国际化人才培养的困境

总体而言，民办高校虽与公立学校一样承载着中国高等教育的重任，但其在发展定位、生源、师资力量等诸多方面，与公立高校相比都存在较大的差距。

(一) 办学定位不准确

办学定位是一所高校办学指导思想的核心内容，关系到高校的方向选择、目标定位和办学特色，是学校沿着正确方向持续、健康、稳定发展的保证(安心，崔永红，2006)。然而，很多民办高校缺乏准确的办学理念，在办学模式上照搬公办学校，不能把握自身存在的优势与特色；在专业设置上盲目追求专业的全面性而脱离了社会发展的需要(任娜，2019)。

(二) 生源竞争激烈

高质量的生源是培养优秀国际化人才的关键所在。民办高校面临的竞争主要来自公办高校以及同等院校。近年来，全国高中毕业生逐年递减，再加上公办高校招生人数不断增加以及同类院校的兴起，民办高校的生源普遍减少，导致民办高校压力倍增，因为对绝大多数民办高校而言，学费收入是办学经费的主要甚至全部来源，只有充足的生源才能继续生存。为使招生计划顺利完成，许多民办高校不断降低录取分数线，学生质量因此无法得到保证，毕业就业率也随之相应降低，这又会导致学校声誉在一定程度上受损，进一步影响生源，形成恶性循环。

(三) 师资力量缺乏

教师是高校负责教学与科研的中坚力量，师资建设对发展中的民办高校尤为重要，对于推动民办高校教育国际化也起着不可或缺的作用。民办高校往往因为缺乏顶尖人才和专业骨干，在专业建设领域后劲不足，在发展初期无法凭借自身的力量打造一支具有国际化水平的教学科研力量。

与公办高校一样，民办高校的教师队伍主要由本土教师、海归教师和外籍教师所组成。对于本土教师而言，随着教育国际化程度的加深，民办高校为提升科研水平、学术水平和教育教学质量，不断鼓励学科骨干和青年教师们出国进修深造，以学习国外先进的教学方法、教学内容和教学理念。但相关投入以及由此带来的派出人员的数量、进修期限都仍存在不足，国外合作院校和机构的类别和质量也有待改善。对于海归教师，常见的问题是很多人不熟悉国内高校的情况，对学生的学习背景缺乏了解，并缺乏一定的本土教学经验。在外籍教师方面，同样因为投入和外方合作机构有限，外教数量普遍偏少，其中部分教师专业知识不足，教学经验缺乏，综合素质不强，很难发挥其应有的作用(苗露曦，2019)。

很多民办高校实行专职和兼职教师结合的教师聘用制度；兼职教师比例过高会造成各个学科内部人员的配合度较差，无法形成合力，因而严重制约民办高校的发展空间和发展前景(齐宁宁，孙畅，2016)。

三、上外贤达国际交流学院国际化人才培养模式的探索与实践

上外贤达国际交流学院(以下简称“国交学院”)是为落实学校教育国际化的发展战略，分享国外优质教育资源，结合国际化标准教学与管理 10 余年办学经验而成立的二级学院。经过 5 年多的探索，国交学院在总体上较好地解决了上述各方面的问题，为民办院校同类二级学院的发展提供了一套很有价值的参考范例。

(一) 办学模式国际化

国交学院依托学校学科优势，秉承国际先进的教学和管理理念，采用优质的教学内容和先进的教学方法，将国际教育理念和特色贯穿于整个本科教育过程，培养具有国际视野、跨文化沟通交流能力的应用型、复合型、国际化的专业人才。学院相关专业在本校学习一定时间后，赴国(境)外合作大学交流学习修读学分，通过中外高校间的学分互认、项目衔接，在完成规定学分修读并达到相应学位授予要求后，取得中外双方院校的学分修读证明、毕业文凭和学位证。以 2020 级学生的情况为例说明：

表 1　国交学院 2020 级各专业基本情况一览表

班　级	学制、学位	对 接 院 校	对 接 要 求
英语 1 班(商务方向)	3+1 本硕连读	英国卡迪夫城市大学、格林威治大学	IELTS 6.0,单项不低于 5.5 分;GPA≥2.5
德语 1 班(商务方向)	2.5+1.5+2 本硕连读(波兹坦大学硕士学制 2 年)	德国波兹坦大学	DAF B1;GPA≥2.5
法语 1、2 班(春季招生、商务方向)	3+1.5 或 3+2 本硕连读	SKEMA 商学院、法国巴黎高等商学院(PSB)、诺欧商学院、雷恩高等商学院、法国质优高商联盟体系内所有高校	TCF B1 或 TEF B1(法语授课);IELTS 6.5(英语授课);GPA≥2.5
西语 1 班(商务方向)	2.5+1.5+1 本硕连读	西班牙巴塞罗那大学旅游管理学院、巴塞罗那自治大学	DELE B1; GPA ≥2.5
会计 1 班(ACCA 方向、全英教学)	3+1+1 双学士学位本硕连读	英国德蒙福特大学、密德萨斯大学、诺森比亚大学	IELTS 6.0—6.5,单项不低于 5.5 分;GPA≥2.5
金融 1、2 班(CFA 方向、春季招生)	3+1+2 本硕连读;3+1+1 双学士学位本硕连读	美国南加利福尼亚大学、拉文大学、迈阿密大学,英国诺桑比亚大学、格林威治大学、切斯特大学	美国方向:IELTS 6.0—6.5 或 TOEFL 80—90;GPA 2.5—3.0 南加州大学:IELTS 6.5(单项不低于 6)或 TOEFL 85+;GPA≥3.5;英国方向:IELTS 6.0—6.5,单项不低于 5.5 分 GPA≥2.5
工商管理 1 班(全英语教学)	3+1+1 双学士学位本硕连读	英国普利茅斯大学、赫尔大学、切斯特大学	IELTS 6.0,单项不低于 5.5 分;GPA≥2.5

续 表

班 级	学制、学位	对 接 院 校	对 接 要 求
工商管理 2 班(全英语教学、时尚管理方向)	3+1+1 双学士学位本硕连读	英国创意艺术大学	IELTS 6.0—6.5,单项不低于 5.5 分;GPA 2.5—3.0
国际经济与贸易 1 班(全英语教学)	2.5+1.5+2 双学位本硕连读	美国迈阿密大学	IELTS 6.5 或 TOEFL 80;GPA≥2.5
会展经济与管理 1 班、2 班(春季招生、全英语教学)	3+1 本硕连读	英国卡迪夫城市大学、格林威治大学	IELTS 6.0,单项不低于 5.5 分;GPA≥2.5
酒店管理 1 班(HTMP 方向、全英语教学)	3+1 本硕连读	英国卡迪夫城市大学、格林威治大学	IELTS 6.0,单项不低于 5.5 分;GPA≥2.5

(二) 课程设置国际化

国交学院坚持教育创新,专业设置以社会需求为导向,开设 4 个语言类专业和 6 个经济管理类专业。语言类专业实行"外语+商科"的课程教学模式,强化外语教学优势,而经济管理类专业依托本校英语教学优势,强化基础英语和专业基础课程教学,使学生打下扎实的英语和专业基础。

表 2 国际经济与贸易(全英)专业各课程模块学时学分结构表

课程类别与性质			学时数				学 分
			课内	实践	其他	合计	
课内教学	必 修	通识教育	1 026	144	0	1 170	65
		学科基础课	558	0	0	558	31
		专业核心课	432	0	0	432	24

续 表

课程类别与性质			学时数				学 分
			课内	实践	其他	合计	
课内教学	选 修	专业选修课	180	54	0	234	13
		通识教育选修课	0	0	0	0	0
	复合交叉	外语+模块	171	117	0	288	16
	小 计		2 367	315	0	2 682	149
独立设置实践教学环节			共18周				26
实践教学学分占总学分百分比：24.86%							

国交学院国际经济与贸易专业(全英)(简称“国贸全英班”)课程设置包括通识教育课、学科专业教育课、专业选修课、复合交叉课和实践教学环节。在通识教育课中，除了《形势与政策》《思想道德修养与法律基础》《毛泽东思想和中国特色社会主义理论体系概论》等素质教育必修课程以及《计算机应用基础》等基础必修课程外，国贸全英班还须修读为对接今后外方课程而设置的国际通识教育课。另外，为强化学生英语学习，夯实学生的语言基础并培养其语言应用能力，国贸全英班除了《基础英语》《英语写作》和《英语综合实训》之外，所有的学科基础课和专业核心课均全英语授课。

(三) 师资队伍国际化

经过多年建设和打磨，国交学院目前拥有一支具有良好学术背景、教学经验丰富的教师队伍，其中获得国外大学硕士学位及以上的海归教师占80%。学院还通过外方合作高校或其他途径聘请优秀外籍教师教授专业核心课和外语口语等课程，特邀高水平外籍专家为学生开设学术讲座或其他报告，让学生及时了解专业学习领域的最新成果及学术动态。

(四) 教学模式国际化

国交学院采用与国际接轨的教学方法，坚持以学生为本的办学原则，立足中华文化和“立德树人”、培养社会主义价值观的根本立场不动摇，同时基于培养人类命运共同体意识的理念，全方位营造浓厚的国际语言文化氛围，包括依托本校外语教学优势，采用基础外语小班授课，强化基础外语教学；专业核心课程进行经典教材或自主化的精编讲义全英语授课。专注于培养学生良好的学习能力、创新能力和跨文化沟通能力，使学生成为专业基础扎实、外语应用熟练、具备国际视野的复合型、应用型、国际化人才。

四、国际化人才培养的新途径

如上所述，国交学院在国际化道路上取得了良好的成绩，目前正积极探索以进一步推进学校“新文科”建设为目标，找差距、补短板，聚焦教学考核激励、跨学科国际课程教研室建设、创新创业教育、师资队伍建设、教学资源共享，推进应用型、创新型、技能型本科人才培养改革。

1. 顺应新时代“互联网＋”教育理念，落实崇明校区二期建设智慧教室平台，实现交互式触控录播设备，推进“外语＋”精品特色课程建设。以学生发展为中心，通过教学改革促进学习，积极推广小班化教学、混合式教学和翻转课堂，构建线上线下相结合的教学模式，保障疫情期间教学顺利有序执行。积极引导学生自我管理、主动学习，激发求知欲望，提高学习效率，提升自主学习能力，大力推进智慧教室基于互联网的教育服务新模式、信息时代的教育治理新模式，实现教育信息化模式创新。

2. 推动“国际课程教研室”建设，强化专业建设的责任意识，探索多国多元文化共享共构共建理念。加快校本课程、国际化特色课程的研发步伐。组织制订教研室师资队伍选拔和建设办法，并针对国际通识课程教学的各个环节，从前期的教学设计到教学实施过程，均进行严格的监控和管理，课程结束后进行有效的综合考核。国际课程教研室有其自身的特殊性：它不同于专业的“跨学科”团队，是由不同学科背景的教师所组成，并进行“跨学科教研”；同时，因为国际特色课程是不断发展的动态课程，教研室不仅要关注课程的实施，进行指导和管理，还要关注课程开发；在综合实践和实施过程中，还要做好校内外、国内外资源的充分整合和利用。

3. 加快校企合作步伐，挖掘多样化、常态化的专业实习基地，推进产教融合，将学科优势转化为经济竞争优势。依托商科类专业和语言类专业，加强与各行业间的联动，经常性走访用人单位，建立与用人单位和企业界良性互动的机制；定期邀请各专业高端人才开设系列讲座，依据职业岗位对知识、技能、态度的要求，充分考虑学生的职业生涯需要，帮助学生进行职业规划，推动毕业生就业。

4. 激活考核制度内驱力，完善教师聘用和管理岗位制度，调动学院内部教师的工作积极性；夯实既有的与美国、英国、法国、德国、西班牙等国院校的合作平台，构建师资与人才培养新平台；努力发掘国交学院往届校友潜力和资源，挖掘、培育和建立发展新时代环境下全方位、多维度的合作伙伴关系网络，实现学院可持续发展。

五、结语

综上所述，笔者通过介绍上外贤达学院国际化人才培养模式及办学成果，对高等院校、尤其是民办院校在国际化办学过程中所涉及的多方面因素进行了分析，提出了一些建议，总结为十六个字，即“摸清家底，放远视界，系统设计，以生为本”。民办院校“家底”普遍薄弱，不宜盲目发展，摸清“家底”才能优化和集中资源办好国际化。为获得可持续发展，特别是国际化建设，民办院校的管理者需要有高远的国际化眼光，同时需要组织专家力量全面深入进行研讨，做好顶层系统化设计，助力新的起跑。

教育的国际化，最终是要实现人才培养的国际化，以生为本是学校的根本属性和办学原则之一。在“十四五”规划实施和今后的发展过程中，民办院校应坚决贯彻“立德树人”的根本教育方针，牢记“为党育人、为国育才”的使命，积极服务于国家和地方社会经济发展需要，服务于学校发展战略，同时强化开放意识，关注、追踪和研究国际上的高等教育新趋势，探索和打造适应时代发展的国际化办学新模式和新特色，注重内涵建设，提升教育和教学质量，以更加广阔的视野、更加开放的姿态和更加执着的努力，为中国高等教育国际化做出新的、更大的贡献。

（作者单位：马华，上海外国语大学贤达经济人文学院。电子邮箱：0810160@xdsisu. edu. cn）

参考文献

[1] 安心,崔永红.大学办学定位的缺失与成因分析[J].高等理科教育,2006(3):47-49.

[2] 苗露曦.民办高校国际化师资队伍建设及模式探讨[J].智库时代,2019(13):71+76.

[3] 齐宁宁,孙畅.民办高校竞争环境分析[J].现代经济信息,2016(20):453.

[4] 任娜.我国民办高校办学的困境及应对策略[J].山西青年,2019(6):93-94.

[5] 刘文魁.新形势下民办高校要创新发展——在2010年省民办教育协会年会上的讲话[R/OL].(2010-04-29).https://www.doc88.com/p-785674253352.html.

[6] 中华人民共和国中央人民政府.国家中长期人才发展规划纲要(2010—2020年)发布[A/OL].(2010-06-06).http://www.gov.cn/jrzg/2010-06/06/content_1621777.htm.

基于多元媒介的特色“金课”建设初探
——以法国文学概论课程为例

马利红

摘　要:“金课”建设是当前高校教学改革的重要任务之一。暨南大学法国文学概论教学团队一直推进课程改革,目前正着力打造线下“金课”建设。本文拟结合当今时代学生作为“数字原住民”的特征和多元媒介的“超文本性”“多渠道性”“多元指涉性”和“互动性”,借助于建构主义学习理论,对该课程建设过程中教学理念和教学设计两个方面的尝试做出分析和探讨,形成过程性评价,达到以建促改的目标,以期为兄弟院校同类课程的建设提供一种参考。

关键词: 法国文学概论;线下“金课”建设;多元媒介;建构主义学习理论

一、引言

“金课”建设是当前高校教学改革的重要任务。“金课”建设要求“全面梳理各门课程的教学内容”,“合理提升学业挑战度,增加课程难度,拓展课程深度,切实提高课程教学质量”,并将“两性一度”即“高阶性、创新性、挑战度”作为衡量“金课”的标准(吴岩,2018)。法国文学概论作为暨南大学法语专业的一门专业教育必修课程,课程团队一直致力于对其进行改革升级,并尝试将其打造为线下“金课”。法国文学概论于 2018 年由原有的法国文学史更名而来，修订依据为《普通高等学校本科专业类教学质量国家标准（上）》（教育部高校外指委，2018）。该课程分上下学期两段，线下授课的常规模式是依托选定的教材，以教师课堂讲授为主。课程内容相当于文学和历史的合体，主要聚焦法国文学名家名篇、重大事件和发展规律以及相关社会历史背等。课程讲授通常按历时顺序展开，覆盖从中世纪到 20 世纪的文学现象。法国文学星河璀璨，要想在有限的教学单元内使学生对文学思潮、文学事件、文学现象等获得一个总体把握，对师生都是一个挑战。时代在发展，社会在进步。在今天多元媒介发达的智能化时代，作为学习主体的学生群体的特征发生了显著变化。加诸学科研究的不断深入和教学理论的长足发展，法国文学概论课程的教学理念、教学内容、教学策略、学习评价等各方面也需要作出适用性调整乃至系统化改革，以达到“金课”标准。“金课”建设是当前高校教学改革的重要任务之一，亦成为当前暨南大学法国文学概论课程团队的教学改革重点。本文拟结合当今时代学生作为“数字原住民”的特征和多元媒介的“超文本性”“多渠道性”“多元指涉性”“互动性”，借助于建构主义学习理论，对该课程建设过程中教学理念和教学设计两个方面的尝试做出分析和探讨，形成过程性评价，达到以建促改的目标。

二、法国文学概论课程教学改革的前因

根据《暨南大学外国语学院法语本科人才培养方案》及《教学大纲》的规定，法国文学概论课程（以下简称“概论”）是为法语专业本科三年级学生开设的专业必修课，旨在让学生通过文学与历史相结合的方式，使学生了解法国文学的发展流变及不同历史时期代表性作家作品，同时能从世界文学的大格局中，领略法国文学的特殊性和多样性，加强学生的文学素养。该课程共 2 学分，每学期 32 学时，每周 2 学时，开设时长为 1 个学年（本科阶段第五、第六学期）。学生在学习概论时，通常已修或在修法国史和法语作家作品选读等其他分类课程。这些课程内容之间通常有一定的交叉或重合的部分。因此，在概论教学过程中，如果历史、作家、作品、流派等内容的比例失

衡,同一篇文本所聚焦的侧重偏差,同一幅图片或同一个视频所呈现的效果雷同等,都会导致课程的定位不明,显得不伦不类,达不到理想的教学目标。概论课程定位是教学目标的源点,教学内容、教学方略、教学评价等都与课程定位直接相关。因此,对照"金课"建设"两性一度"的标准,概论课程如何定位是值得反思的首要问题,也是该课程进行教学改革的逻辑起点。

"金课"建设"两性一度"的三个面向之间有着内在的因果关系。"两性"决定着"一度",处理好"两性",才有可能达成"一度"。那么概论的课程定位接轨"高阶性"和"创新性"应该具体如何落实呢?"高阶性"强调知识、能力、素质的有机融合,培养学生解决复杂问题的综合能力和高级思维;"创新性"要求课程内容反映前沿性和时代性,教学形式呈现先进性和互动性,学习结果具有探究性和个性化。在概论教学中如何实现"两性"的统一,从而达成课程具有"挑战度"的目标?笔者试从两个方面做出分析:一方面,正如法国文学史专家朗松早在19世纪末已经指出的:"这些年,人们把文学的教与学弄走样了。人们把文学当成大纲内容,即使和别的科目一样,一生大概也不会再想起,非得要尽快的大致全部翻阅过、浏览过、囫囵吞枣地学过,以免挂科。如此一来,想什么都教,什么都学,绝对的面面俱到,不忽略任何部分,结果人们只会获得没有文学善德的字面知识。文学化简成一堆枯燥的事实和套话,只会破坏年轻人对作品本身的兴趣。"同时,他认为只是浏览作家作品梗概的教法和学法是"对文学本身的否定"(LANSON, 1951)。[①] 朗松指出的问题启人深省。如果说朗松生活的时代尚处在纸媒勃兴的阶段,人们获得知识的途径尚有一定限度,那么今天的学习者则处在一个信息技

---

① 本文作者自译,原文为:

On a faussé en ces derniers temps l'enseignement et l'étude de la littérature. On l'a prise pour matière de programme, qu'il faut avoir parcourue, effleurée, dévorée, tant bien que mal, le plus vite possible, pour n'être pas "collé": quitte ensuite, comme pour le reste, à n'y songer de la vie. Ainsi, voulant tout enseigner et tout apprendre, absolument tout, n'admettant aucune ignorance partielle, on aboutit à un savoir littéral sans vertu littéraire. La littérature se réduit à une sèche collection de faits et de formules, propres à dégoûter les jeunes esprits des oeuvres qu'elles expriment.

术高度发达的现代社会，大凡知识性的内容，例如他所说的作家作品概略介绍方面的内容，学习者可以通过鼠标点击页面，轻松地获得数量庞大的官方或个人的解说版本，相关知识量可以近乎无限扩展。换言之，简单的基础知识传授已经完全不能满足课程教学。

另一方面，今天的学生群体基本上是2000年后出生的“Z一代”，而事实上，教师群体也逐步被1980年后出生的“Y一代”或“千禧一代”所更替。这些学生和年轻教师都属于“数字原住民”。这一群体特征变得不容忽视。“数字原住民这一概念最早是由教育游戏专家Marc Prensky在所观察到的现象及行为的基础上而展开的合理化推测，认为出生于1984年之后的人，其一生都沉浸在数字技术当中，被电脑、视频 、游戏、数字音乐播放器、视频摄像头、手机以及数字时代其他的所有的玩具或工具所包围”，“Wim Veen等人更进一步用这个概念指伴随着现代通信技术成长起来的一代人，数字技术萦绕在其周围，他们可以毫不费力地使用数字技术，在无其他人的指导下进行探索学习、发现学习、网络学习、体验学习、协作学习、主动学习以及自我组织和自我调节等”（修南，2021）。中国学者为“数字原住民”归纳出5个基本特征：第一，“对新技术的高度依赖性”；第二，“人机互动的密切联系性”；第三，“生活方式的极度自由化”；第四，“社会交往的个性化疏离”；第五，“任务处理的多元协同性”（修南，2021）。在这种成长背景下，学生学习时多倾向于从不同媒体渠道快速获取信息，倾向于同步处理信息和多任务，倾向于处理图片、声音和视频而不单纯是文本，倾向于随机接触超链接的多媒体信息，倾向于同时接触或连接多人，倾向于“即时”学习、“即时”满足和“即时”奖励，倾向于相关联的、有用的、有趣的学习。这些新倾向势必对教师教学提出更新和更高的要求。从以上两个方面看，对接“高阶性”和“创新性”的标准，概论课程改革已经势在必行。

三、法国文学概论课程教学理念的革新

有必要阐明的是，概论课程作为法语专业的必修课程，仍是一门外语类课程。这也就意味着，外语教学的理念和方法对该课程建设同样具有启发和借鉴的功用。我们知道，在国外，20世纪60年代以后，新的教学理念催

生出不断迭代的教学法。法国的教学法研究也经历了传统的“翻译-语法”教学法、“自然教学法”、“直接教学法”、“听说教学法”、“视听结构教学法”、“交际法”到后期的“折衷法”的发展演变(CUQ, GRUCA, 2002)。这些现象都充分说明在不同的时代,面对不同的学习群体,课程提供者需要保持同步性,甚至超前的意识。“传统的外语教学一直围绕教师而展开,教师是学生的先生、榜样和唯一的对话人。交际法和后来的认知法,将外语教学的中心重新定位在学习者身上,既要适应学习者的水平和语言需要,还要重视他们的心理特征、学习习惯、有意识或无意识的认知策略等。”(德法伊,2018)教学理念在随着时代不断演进。在人类早期口传和手抄的时代,媒介无外乎嘴巴、手笔和记忆,师者全凭先于学生的博闻强识、学识积累进行知识传授。学生在知识储备方面通常很难超越师者的范围。以师者为中心的教学模式与由师者承担“传道、授业、解惑”的教学理念是相适用的。在20世纪,音频、视频等媒介得到空前发展,师生的单向传递关系转变为互动模式。甚至在一定学科和课程范围内发生由教师中心到学生中心的转变。教学理念的革新与教学方法的改革并驾齐驱。今天,概论课程的教学对象基本都是作为“数字原住民”的学生群体。这一学生群体从小生活在数字化的环境里,熟练地使用网络等多种媒介获取信息,知识和媒介的关联在他们身上是自然而然发生的,教师作为唯一信息源的神话已经被打破。因此,概论课程建设在以学生为中心导向的基础上,要特别关注学生群体特质,形成与之相契合的教学理念。

以学生为中心的教学理念本身就决定了学生“不是简单的接受并重现教师传授给他的知识,而是在获得知识的同时,习得一种技能,甚至是一种生活能力;参与教学过程,正像教师负责其学习过程那样,参与课堂上的教学活动,并在其中发挥主观能动性;利用一切机会在课外学习;管理自己的全部学习过程,以期实现自主学习”(德法伊,2018)。如果学生真正能够在学习过程中实现上述目标,也就实现了知识、能力和素质的有机结合,即达到了“金课”建设的“高阶性”要求。对于概论课程而言,知识、能力和素质都分别多了一个维度,即同时面向法语语言。如何实现这一融合和统一,需要一个坚实的理念支撑。笔者认为,建构主义的学习理论能够很好地帮助我们反思概论课程的教学理念。建构主义是现代学习理论的第三发展阶段，是认知主义的一个重要分支，其最大的贡献就是提出了“以学生为主体”的学习理念。建构主义强调学生的巨大潜能，认为知识不是由他人传递的，学生也不是被动地接受，而是在一定目的驱使下主动建构的。学生在一定的社会文化情境下，通过其他人（教师或其他学生等）的帮助，再借助于资料，最后通过意义建构的方式而获得知识。建构主义学习理论认为“情境”、“协作”、“会话”和“意义建构”是学习环境中的四大要素或四大属性（陈连丰，赵觅，2012）。只有学习主体去自觉、主动、有效地建构意义，才不会在将来使用的时候出现“思辨的缺席”（黄源深，1998），也才能实现“高阶性”对标。那么，与学习理论相对应的教学理念，应该进行反向还原，从“意义建构”到“情境”构筑，思考如何通过“情境”构筑帮助学生实现“意义建构”。概论课程的教学理念还应侧重如何帮助学生借助于语言实现文学知识的“意义建构”。

概论课程目前的建设目标为线下特色“金课”。课程的特色主要体现在教学理念的革新与对多元媒介的倚重。从建构主义的教学理念出发，教师不再是权威的知识传授者，教师应当充当学习研究者、教学反思者、知识领航员、协作合作者和课程开发者。角色多元化促使教师“认真花时间花精力花感情备课讲课”，而学生不再被以“满堂灌”的方式进行“知识投喂”，势必需要“课上课下要有较多的学习时间和思考做保障”（吴岩，2018）。这一理念的革新和落实也就达成了“金课”高“挑战度”的要求。教学理念的革新需要落实的载体。多元媒介的发展无疑为教师改变教学思维、转换教学策略、更新教学内容等提供更多的可能性和便利。这里的多元媒介既指印刷和电子媒介（报刊、广播、电视、电影、广告等），也指“一张餐桌、一个教育系统、一杯咖啡、一个教堂里的讲道台、一个图书馆的阅览室、一个油墨盒、一台打字机”等“具有感觉的介质”（德布雷，2014）。前者就是通常所说的“多媒体”，具有“超文本性”“多渠道性”“多元指涉性”和“互动性”（CUQ，2003），能有效地通过文字、声音、（静止或活动的）图像的互动促进学习者对知识的建构。后者是更为广义的多元媒介，同样具备前面 4 个属性即 4 种功能，可以不同程度地“参与”学习者的知识建构。多元媒介的合理使用不仅与作为“数字原住民”的学生群体相匹配，同时能帮助教师改变以往的教学习惯，走出从有限渠道中按部就班线性释放信息的倾向，以更开阔的视角、更多维的面向、更灵活的手段来落实教学理念，促进教学改革。

四、法国文学概论课程教学设计的升级

概论课程原先的教学设计在教学内容、教学方法、教学手段及学习评价等方面都充分考虑到法语专业学生的学习习惯及语言掌握的程度。通常，法语专业学生均为零基础语言学习者，经过两年语言学习后，已具备借助于词典阅读法语文学原著的能力，绝大多数学生具备基本文学常识。教师根据课前摸底掌握的学生的知识储备、课程期待、个人偏好等，结合自己多年的学术训练和教学实践，确定授课内容的侧重点、教学方法和评估标准，根据教学内容不定期使用"翻转课堂"的形式，尽量营造互动活跃的课堂气氛。但由于总体的教学设计基于"心理安全"的舒适模式和沿袭的知识传递模式，教学内容往往仍以世纪为常规划分，以历时为顺序，配套社会历史文化的讲解，每个单元只处理或完成单一任务，教学手段主要依赖文本，穿插学生对作家或作品的口头汇报，学习评价亦侧重对知识面的考察。因此，课程难免容易流于"教-学"的单线单向模式。那么，如何克服过去教学中文学与历史、作家与作品、思潮与运动简单叠加的模式？如何扩大教学单元的有效"内涵"并适度合理的拓展课程的"外延"？如何借助于建构主义理论改革教学设计，让学生从被动知识习得模式转变为主动主导模式，探索、发现并建构有关法国文学的知识？如何在今天多元媒介的时代更好地设定教学内容、教学方法、课堂实践，从而让"外围"工具为教师课堂教学和学生课后自主学习服务？如何在现有教学经验的基础上有效吸收最新的教学理论，并进一步深化本课程的改革？……要想很好的解决这些问题，必须对概论课程的教学设计进行升级换代，而做好教学设计也是实现本课程"金课"建设的一个有力抓手。

建构主义理论教学模式中的"支架式"教学对概论课程的教学设计极具启发性。"支架式"教学"与建筑中用于支持工人完成特定任务的脚手架相类似，教学脚手架是教师设置的临时支持结构，用于帮助学生完成他们通常

所无法独自完成的新任务和新概念。一旦学生能够完成或掌握任务，脚手架就会逐渐移除或消失——学习的责任从教师转移到学生身上。”①(NIUCITL, 2012)概论课程对于非母语学习者具有一定的难度。同时，学习者对法国文学又不是完全一无所知。在这种具有挑战性的情况下，学生很容易依赖老师，卸下自己的学习责任。“支架式”教学正是“通过对话、反馈和分担责任促进学生学习。教师通过让学生从精心计划的支架式学习中获得的支持性和挑战性的学习体验，帮助学生成为终身的、独立的学习者。”②(NIUCITL, 2012)因此，“支架式”教学对于概论课程的教学设计是适用的。而“支架式”教学中常见的“脚手架”，与上文提及的广义的“媒介”完全契合。这些作为媒介的“脚手架”在教学环境中的使用方式非常多元，其中包括：高级组织者的任务，例如定位任务或陈述内容；提示卡，例如备考的词汇；概念和思维导图，例如显示关系的时间轴；示例，例如插图；解释，例如一项任务的书名说明；讲义，例如 PPT；提示，例如提供线索；身体动作，例如点头；口头意见，例如命令；问题卡，如准备的提问卡片；故事，例如关联轶事；视觉媒介，例如图表等。事实上，面对“数字原住民”的学生群体，概论课程的教学设计更着力推行广义的多元媒介。除了狭义的“多媒体”，教师和学生的语言、感官、姿势等“媒介”也被不同程度地利用，作为教学的“脚手架”，帮助促进和巩固学生知识的建构。

“支架式”教学为学生提供一个支持性的学习环境，教师是知识方面的

---

① 本文作者自译，原文为：

Similar to the scaffolding used in construction to support workers as they work on a specific task, instructional scaffolds are temporary support structures faculty put in place to assist students in accomplishing new tasks and concepts they could not typically achieve on their own. Once students are able to complete or master the task, the scaffolding is gradually removed or fades away—the responsibility of learning shifts from the instructor to the student.

② 本文作者自译，原文为：

Instructional scaffolds promote learning through dialogue, feedback and shared responsibility. Through the supportive and challenging learning experiences gained from carefully planned scaffolded learning, instructors can help students become lifelong, independent learners.

导师和促进者，学生则通过互动掌握主动权，在学习中发挥更积极的作用。通常，"支架式"教学分为搭支架、建情境、探索、协作、评价等五个步骤。用概论课程中关于溯源、梳理并评价"抒情诗"的例子，我们可以说明"支架式"教学的可行性和挑战性。第一步，教师就这一学习任务做出一个部分完成的思维导图，完成的部分作为示范，留白的部分请学生口头用法语表述出来，学生不同的回答会给彼此启发，形成一种信息共建。第二步，教师提供希腊神话故事的文本、图片、视频及相关的网站，引导学生回到希腊神话的源头，了解 la lyre 和 le lyrisme 两者之间的关系，教师在白板上写下关键点，学生补充记下自己所了解的部分。第三步，要求学生在限定时间内独自完成任务。这一过程中，教师让学生自己去分析"抒情诗"的发展演变，适时予以提示，帮助学生沿思维导图的框架去逐步探索。第四步，组织学生分组讨论、协商，共同对思维导图进行完善，共享集体思考和学习的成果，对"抒情诗"有一个比较全面、正确的理解，从而实现对所学知识的意义建构。第五步，课后布置练习，如对"寓言"进行溯源、梳理并评价，让学生通过完成同类学习任务，检验自己是否在能力、方法及意义建构方面均有收获。

五、结语

建设有深度、有难度、有挑战度的"金课"，切实提高课程教学质量，这是法国文学概论课程改革的目标。法国文学概论课程关注学生作为"数字原住民"的新型身份特征，从建构主义课程观的角度出发，教师在课程教学过程中充当学生文学知识建构的帮助者和引导者，促使学生有效利用多元媒介进行课前准备、课中参与、课后复盘等三阶段闭环的知识建构，形成具有探究性和个性化的学习模式。课程的教学内容在原来历时梳理文学概况知识点的基础上，导入空间的概念和比较的视角，织成多面向的文学知识经纬，形成一个多维的文学概论组合体，教师根据不同年级、班级及内招和外招学生的特征和教学要求，自主进行取舍和拓展，学生也可以根据兴趣点和知识储备自由选择学习内容及深入学习。通过革新教学理念、升级教学设计、重构教学内容、改革教学模式、创新教学手段、完善课程评价等方式，法国文学概论课程建设基本实现由旧模态向“以学为主”、学生自主驱动的个性化模式转变，同时，具有灵活的适应性和多元复合的优势。

（作者单位：马利红，暨南大学。电子邮箱：ghislainema@126. com，课题项目：暨南大学第二十三批教改项目“基于多元媒介的特色‘金课’建设——以外国语学院法语专业法国文学概论为例”。）

参考文献

［1］陈连丰，赵觅. 解读建构主义学习理论四要素——“情境”、“协作”、“会话”和“意义建构”[J]. 科技创新导报，2012(24)：179.

［2］黄源深. 思辨缺席[J]. 外语与外语教学，1998(7)：1，19.

［3］教育部高校外语专业教学指导委员会. 普通高等学校本科专业类教学质量国家标准(上)[S]. 北京：高等教育出版社，2018.

［4］吴岩. 建设中国“金课”[J]. 中国大学教学，2018(12)：4－9.

［5］修南. 高职院校线上“金课”建设思想理路与改进策略——基于数字原住民视角[J]. 中国职业技术教育，2021(20)：21－26.

［6］CUQ J-P，GRUCA I. Cours de didactique du français langue étrangère et seconde[M]. Grenoble：PUG，2002.

［7］CUQ J-P. Dictionnaire de didactique du français langue étrangère et seconde[M]. Paris：CLE International，2003.

［8］德布雷. 普通媒介学教程[M]著. 陈卫星，王杨，译. 北京：清华大学出版社，2014.

［9］德法伊. 法语作为外语和第二语言的教学法研究[M]. 傅荣，张丹，译. 北京：外语教学与研究出版社，2018.

［10］LANSON G. Histoire de la littérature française[M]. Paris：Hachette，1951.

［11］Northern Illinois University Center for Innovative Teaching and Learning，Instructional scaffolding（NIUCITL）. Instructional guide for university faculty and teaching assistants[EB/OL]. https：//www. niu. edu/citl/resources/guides/instructional-guide/instructional-scaffolding-to-improve-learning. shtml.

国际高中课程教学质量管理浅析

叶　欣

摘　要：国际高中课程在国内蓬勃开展、方兴未艾，其教学质量监控体系既有别于传统国内体系高中教育，也有别于国内大学阶段的教育。而现有关于教学质量方面的研究，主要集中在国内大学教育领域，对国际高中领域关注不够。即使从广义教学质量角度探讨，现有通用的方法自身也存在一定不足，对国际高中的适用性也需调整。笔者根据多年国际高中体系课程教学与管理的亲身经历，认为国际高中阶段的教学质量监控在理念上应该有自身独特性，在实际教学和管理中探索尝试了一些方法，取得了一定的效果，并由此引申，对教学质量保障体系进行了反思，提出了意见和建议。

关键词：国际教育；国际高中；教学质量监控

一、引言

本文对国际教育的定义是指国内独立教培机构（如国际学校）或公办、民办大学、中学中的国际班等部门采用国外课程体系（包括教纲、教材、考试、考核标准等）进行教学培养，学生已脱离国内高考体系，将来升学路径主要是去国外大学或国内各类中外合办高等教育项目就读的这套体系。最早开设这类课程体系的国际学校主要为解决在华外国人子女的教育问题，学生是外籍。但近十几年来涌现出大量招收本国生源的上述办学机构，据估计，目前国内开设国际课程的独立或半独立机构已达数千家，在读学生已达数十万人之多。主要采用三大类课程体系，包括英国的 A - level、美国的 AP 和国际文凭 IB，此外还有来自加拿大和澳大利亚等国的小众课程。学生在 12 年级毕业后，大多数都会申请美、英、澳、加、新等英语国家的高校，也会有部分流向德、法、意、西等欧洲国家，日、韩、新、马等亚洲国家或者中国香港、澳门、台湾地区高校就读。近两年由于疫情影响，许多已被录取甚至已经在海外就读的学生因无法出境，转而选择在国内上网课或转入中外合作办学项目。

上海外国语大学贤达经济人文学院国际课程中心是其国际教育学院下属国际高中课程的实际承担者，采用的课程体系是英国 A - level、IGCSE 以及加拿大的 BC，学生年龄段在 15—19 岁，年级相当于国内初三到高三。由于学生已经脱离国内教育体系，没有学籍，不能参加国内高考，因而目标都是申请海外高校本科。本项目是民办高校承办的国际高中项目，有三个特别之处：一是大学的氛围，在大学校园内与大学生接触，也经常会有部分课程由大学专任教师兼任；二是高中生的特点，这个年龄段的高中生会与大学生在心智和情感方面有较为明显的差距，因而在教学和管理方面需有不同对待；三是国际教育体系的特殊性，包括考试是国际统一标准考试，并非自己教师出试卷，在教学大纲、教材、考试、答案、评分标准、申请大学的流程和录取等各个方面都与国内有较大差异，例如所有的教材和试卷都是英语的。可供选择的课程也较多，可以较早就确立高校阶段的专业方向，个人日常安排也相对灵活。相对于国内课程体系的严格管理和比较大的学业压力，国际课程更加注重学生的个性化发展，给学生留出了更多的个人自由空间，如果有效利用，则可以进行大量的课外阅读，或从事自己的兴趣爱好活动，比如科学实验或体育活动等。当然如果利用不好也会浪费这些自主的时间，尤其对自我控制力不够强的学生更是如此。此外，由于学费相对昂贵(每年 15 万人民币以上)，因而绝大多数同学的家境条件都要优于普通家庭，但学生的成长、性格的养成以及家长的期望也都因人而异。

基于上述背景，国际教育领域尤其在国际高中阶段，教学质量监控应该有别于传统思路与做法。但由于现有此类研究大多关注国内在校生高达数千万人的高等教育体系，以及人数更多的中小学体系，国际课程体系几十万人学生的体量级别很小，包括国际高中在内，其教学质量监控成为国内相关研究领域里的一个盲点，并没有得到足够重视。但在笔者看来，由于其代表了教育国际化未来发展方向的一种重要尝试，因此研究和做好其质量监控仍具有重要的意义，对国内体系尤其是教育国际化大背景下的中等和高等教育都有很大的借鉴作用。

二、当前教学质量监控的主要问题

笔者认为，国内体系对教学质量监控的各类设计都经过深入的研讨，方式多样，内容丰富，有很多优势和成效，包括国家层面的教师资格考试、地方教育主管部门的强师工程培训和学校内部的导师制等，都发挥了巨大作用，但少数学校也存在一些客观的问题。这些问题可归结为两类：一是在一定程度上缺乏总体意识，二是有时存在一定的形式主义，过程性和过分依赖表格的“纸上监控”现象比较突出，使监控的实际效果不佳，与设计者的初衷产生较大差距。

对于上述问题，笔者认为根本原因在于：一是路径选择有误，没有重视由内而外，即发自参与者内心的对教学活动改进的认知。二是孤立地看待教学质量这个范畴，认为既然教学是核心功能，那么教学质量就应该是教学部门和教师的事情，各项教学质量监控的设计多以提高教师的纪律性、授课能力和对教辅工具（如微课、PPT）的使用能力为导向，通过听课制度、学生教学评价和教学大赛等活动进行检查和提高。这些方法当然都是保障教学质量的重要手段，但教学质量体系其实并非仅是教学和教师的工作，而是一个系统工程，涉及办学主体的各个方面，要求设计者有良好的全局观念。

三、基于实践的思考与改进尝试

笔者根据多年教学与管理经验，对教学质量的理解主要有两个方面的思考：一是参与者应当发自内心并由内而外地予以足够重视。二是领导者需具备全局观念和系统性思维。

（一）高度重视思想工作

培养风清气正的环境是保障和提高教学质量的根本。要落实由内而外地去改变部门与个人的工作，就必须高度重视思想工作，包括教师思想和学生思想。如果能改变一个人的思想，让他主动认识到一件事的意义，其思想就会升华，就会去主动改变自己的行为，会首先从价值角度来评判一件事是否该做，然后自发去努力做好每件该做的事，由此得到的功效要远大于由外而内，靠各种制度和表格来进行的各种强制性措施。思想问题不解决，纵有再多的规章制度也形同虚设，会沦为表面文章，甚或鼓励造假而掩盖了真正的问题。这并非是说规章制度不重要，而是强调不能只靠规章制度；当一个人发自内心地想去做某事，他会去认真思考和行动，碰到问题也会努力去解决，才有可能真正地解决问题，把工作做好，更重要的是其本人也会享受这个过程，而不是把工作当作一个任务。相反，师生思想问题解决了，有了强烈的参与动机，规章制度就可以被很好地执行，甚至可以被大量精简，也会消除许多人际矛盾。因此我们无论对于学生还是教师，都要高度重视思想工作。

而具体如何开展思想工作，这是一门大学问。对于学生来说，他们不仅要上专门的思政课，还需要在专业课中进行课堂思政的学习；对学校而言，不仅要认真安排和保障思政课的教学质量，还要帮助教师在日常专业教学中很好的融入思政内容。这样两方面结合，两相补益，对教学质量的效果将很明显。笔者主要讲授经济学课程，平时很注重将思政内容带入课堂，利用国内外的各种经济领域的事件组织各种讨论，以引发学生的广泛兴趣，进而将希望传递的价值观潜移默化地输导于学生的思想中。这个办法效果明显，笔者发现，一些学习不甚积极的学生反而会对政治和经济事件比较关注。另外，高中阶段的学生在世界观上尚未成熟，很容易受外界影响，此时如果能及时并恰当地向其输导正确的价值观念，这将非常有助于其人生态度的养成，且能很快在其行动上得到体现，有立竿见影的功效。而学生思想观念的转变将直接对教师教学产生积极的配合与促进作用，提高教师满意度和获得感，同时极大减轻教师的教学管理压力，使其能更专心地投入教学与科研，从而提升教学质量。

以笔者的经验，做教师的思想工作相对学生则可能存在不同性质的困难。因为学生年龄较小，生活阅历较浅，在学校受到纪律和师生之间身份差异的约束，能更快地接受和服从要求。而对教师的思想工作就不同了，这项工作存在两极分化：绝大部分教师自身修养很高，能很好地遵守师德师风的规范，履行各项制度要求，良好地完成各项工作；但也会有少数教师态度消极，精神懈怠，工作敷衍了事，甚至个别人发生有辱师德师风的不端行为。对于前者，我们仍要持续关注，保持沟通和思想交流，发现问题苗头及时介入。对于第二类教师，则应加强思想教育，通过劝勉、告诫、"传帮带"或帮扶教育以提高其对教育教学工作的认识，但方式方法要灵活和个性化、人性化，既坚持原则，也要避免说教。其中尤其要重视谈心工程，以心换心，用真心、真情进行思想工作，帮助教师解决其生活中可能存在的一些实际困难，分析和超脱过去可能经历的一些负面影响，挖掉得过且过的思想根源，否则会适得其反，非但没能统一思想和提振士气，反而造成不满和抵触情绪，给今后进一步开展思想工作带来障碍。对于触及红线、违反师德师风规定的人员，则应毫不手软，坚决剔除出教师队伍。

(二) 全局观念和系统性思维

教学质量管理是一项系统性工程，不单是教学部门和教师的事情，其他各功能板块都对教学质量有直接或间接的影响，因此我们必须形成总体性、系统性思维，要认识到其他各功能板块的质量管理与教学质量监控密切关联，把对教学质量的认知上升到全局管理的层次。笔者在多年教学与实践中不断反思和调整，总结出了几条经验，分别是：重视学生服务工作，突出教师培训功效，加强科研教研能力。

1. 高度重视学生服务工作。当前对"以学生为中心"的教育服务理念正在普及并开始得以实践，实际效果如何还有待观察。笔者认为，要想有效落实、深入推进并能使这一理念发挥功效，就不能止步于理念探索与宣传上，必须通过强有力的组织架构来贯彻执行，使理念落到实处。为此，上外贤达学院国际课程中心成立了学生服务联席会议制度，配置精干、有力的资源，汇聚各功能模块，从招生到毕业后的延伸工作至校友会，学生从入校到出校后的各个阶段，无论是学习还是生活的方方面面，通过"一人一档"进行全程覆盖。其中很重要的一环是通过前述的思想政治工作来激发学生更好进行自我认知，唤起他们内心深处的道德自觉与主动精神，将"要我学"转变为“我要学”，培育出端正的学风。这不仅能极大降低教学过程中的阻力，更对教学起到积极的助推作用，能真正实现教学相长，引导教风出现明显改观，进而大幅提高教学质量和教师满意度。

2. 高度重视教师培训，尤其是新教师的培训。培训不仅可以让新进教师初步熟悉教学的各个关键环节与必备要素，更可以避免许多新人常发生的问题和易犯的错误，因而可以提高师生双方的满意度和获得感，同时传递学校文化信息，使新人能更快适应与融入学校。由于优质师范生供不应求，所以绝大多数新进教师专业知识较强，但缺乏教学经验和与学生或家长交流的技巧。因此，入职培训的设计就至关重要。应尤为重视对海外留学归国者的培训，且内容也应有所区别，因为现在本科阶段甚至高中阶段就出国留学的学生非常多，毕业后回国并选择求职教师的人也很多，但专业水平和综合素养良莠不齐。为此我们在招聘时就应当审慎辨别；在录用的教师入职后，因之前长期在国外生活的经历，文化差异和自我认知的错误会造成其中部分人感到不适应甚至有失落感，进而产生负面情绪，影响教风和教学质量。所以培训的内容和手段至关重要。其中的关键是将思想态度、专业知识与业务技能三者进行区分，充分认识到思想态度是核心，后两者居于从属地位。我们也要将培训当作长期的工作常抓不懈，作为我们日常工作的一部分，针对各个阶段或不同问题通过差异化设计予以解决，真正建立起有效的学习型院系，使院系管理能力不断提高，继而对教学质量的提升产生积极深远的影响。

3. 重视研究能力的培养。研究包括理论性学术探索和对教学方法进行研究。前者主要是为丰富人类知识库，探索和获得新的学科和专业知识；后者是对教育和教学方法进行研究，一般不产生新的学科和专业知识，但其成果可以提高知识传授的效率和效果。新时期教育评价要求中的“破五维”就是对重视培养研究能力的一个新的阐述，即对研究结果要更加科学、审慎地看待，对包括教学法研究在内的科研的初心和过程都要更加重视。笔者认为，初心和过程的重要性要远比结果更重要。如果只是以结果为导向，就会催生造假，违背了研究的初心，对提高教学质量甚至起了相反和破坏的作用。如果我们前文所述的思想工作能够做到位，则教师将会凭自觉意识和主动精神，发自内心地开展学术研究工作，不仅不觉得研究工作枯燥乏味，甚至还甘之如饴、乐在其中；如果通过培训再掌握正确的研究方法，并获得院系和职能部门相应的科研支持，则整个科研过程就会很顺畅；而一个有效的过程所产生的结果也不会差，还经常会超过预期。

综上所述，科研本身不仅能产生良好的学科和专业知识，或者改良教学手段，更能在科研过程中培养和打磨积极的态度和有用的技能，包括奉献精神、批评精神、思辨能力、写作能力、时间管理能力、耐心以及对挫折的承受力等。换言之，科研是一种修炼，对教师个人在思想、态度、知识、技能等方面都有极大的助益，这些都对教学质量的提高产生根本性的影响。

四、结语

在教育国际化大背景下，国际教育正在蓬勃发展，但教学质量保障体系的建设还有待跟进。现有教学质量监控的理念与方法虽然内涵丰富，也取得了很大成效，但用于国际课程体系的教学则仍需适当调整，且本身也有自我改进的地方。本文基于教学与管理实践提出的质量监控理念与方法具有较强的针对性和适用性，可以对现有体系起到补充与借鉴作用，但自身也需要在面对和处理各类新问题时不断自我发展与完善。

（作者单位：叶欣，上海外国语大学贤达经济人文学院。电子邮箱：1810290@xdsisu. edu. cn）

参考文献

[1] 陈翔，韩响玲，王洋，等. 课程教学质量评价体系重构与“金课”建设[J]. 中国大学教学，2019(5)：43－48.

[2] 杨彩霞，邹晓东. 以学生为中心的高校教学质量保障：理念建构与改进策略[J]. 教育发展研究，2015，35(3)：30－36＋44.

上外贤达学院国际教育学院教学质量保障体系的构建与实施

——基于国际本科项目的实践

袁　语

摘　要： 教学质量为教育的生命线，而教学质量保障体系的建立将有效地提升教学质量。上海外国大学贤达经济人文学院(简称“上外贤达学院”或“贤达学院”)国际教育学院创院至今，依托国际本科 SQA 项目，积累了一定的教学质量保障经验，本文将系统介绍其教学质量保障体系建设的核心思路，执行过程中的重要标准和观测点以及所取得的初步成果。通过探索国际本科教学特点，总结其规律性，研究出一条具有贤达国际化特色、匹配贤达发展道路、适合贤达品牌进一步推广的教学质量保障体系。随着国际教育学院的转型，其将为学校创造更多的价值，有望成为国内同类院校和培养系列的一个范例。

关键词： 教学质量保障；教学管理；国际教育

一、引言

为进一步满足社会经济发展的需要以及人民群众对高等教育的需求，中国高等教育事业已经进入以提高教学质量和教学管理水平为主要特征的新阶段。在这一过程中，教学质量必将成为检验发展成果的重要指标。与此同时，本科教学评估工作也已进入专业化和实质化的发展阶段，高等教育发展的重心从以数量和规模增长为主转为以质量提升为主，相关政策为提高高校本科教学质量提供了有力的保障，其中评估工作得到加强，以提高学校教学管理水平，促进学校教学改革和内涵建设，强化本科教育理念、优化人才培养方案，最终实现更为良好的建设和发展。因此，构建完善的教学质量外部和内部保障体系势必成为现阶段应用型本科院校建设的重点工作。

二、教学质量保障体系的建设与作用回顾

人才培养与产品产出道理相同，都需要有质量保障体系。教学质量保障体系涉及可能影响教学质量的所有要素，例如组织管理、师资队伍、规章制度、思想理念、运行过程、教学条件、教学监控、教学效果、教学奖惩等。建设教学质量保障体系的本质目的在于运用制度、程序、规范、技术等，对质量生成过程及影响因素进行分析，紧抓质量保证的关键点，借此对教学质量进行持续性的提高和改进。高校的教学过程类似一个生产系统，产品就是培养出来的学生，学生是检验学校立德树人、教书育人成果最重要也是最直接的指标，为此需要制定标准化和规范化的教学和培养过程。也就是说，从学校层面上来看，学校要明确办学方向，加强对育人全过程以及学生德智体美劳全面发展的指导和科学管理，构建以立德树人为根本标准和指南针的教学质量保障体系。尤其是历史短、起点低、资源不足的民办本科应用型学校，更应从学校质量标准、质量管理制度、质量保障机构和学生学业考评制度等方面着手，增强质量建设主体效能，加强学校全面内涵建设和特色发展，强调人才对知识的实际应用能力，深化以学生为中心的教育教学改革，以提高人才培养质量作为首要任务，建立科学、长效的教学质量保障体系，以培养能在各行各业从事应用型工作的复合人才。

总而言之，民办应用型本科院校的前景是机遇与挑战并存，要想站稳脚跟，品牌兴校，就更需要从内部质量提升入手，结合自身实际制定系列管理办法，不断提高教学质量，实现内涵式特色化发展。

三、贤达学院国际教育学院质量保障体系的建立与执行

自上外贤达学院建校以来，在其不断探索国际化教育之路的过程中，国

际教育学院一直扮演着先锋军的角色。学院目前承担着国际高中和国际本科四个自营项目的运行管理工作，17 年来积累了丰富的教学管理经验，探索出了一条具有贤达特色的教育国际化之路。例如多元化的国际教育项目，完善的管理文档，规范的工作流程，优秀稳定的师资队伍以及经验丰富的内审员团队。这一切保障和提升了学院的教学质量，从而使得优质的毕业生可以进入世界一流高等学府深造学习，或进入世界名企游刃有余的适应和开展工作。优秀的教学成果得益于日渐完善的质量保障体系及执行。

(一) 保障体系建立的依据

目前，国际教育学院国际本科教学质量保障体系的主要依据为苏格兰学历委员会(SQA)于 2015 年 7 月公布的质量保障标准。它主要规定了学院在项目中心管理、资源保障、学生支持、教学审核、数据管理等五大板块应遵循的原则。外方每五年对学院进行管理系统的审核，每一学期对专业、课程进行教学质量的审核，依照既定质量保障标准进行各项评估。其中包括审核学院相关部门在工作过程留存下来的痕迹，从而判断是否合规，而教学质量的保障与提升离不开学院全体部门的协同及努力，因此，学院将组织架构设计分为教学、教务、学工、行政(含院长办公室及留学服务办公室)等四大主要部门，大致对应保障体系的五大板块，形成了四位一体的保障架构。同时学院各部门在日常工作中制定了一系列的细则要求及观测点，满足自身的管理需求以及外方质量审核标准，以保证学院顺利通过审核。

(二) 保障体系的评估标准及主要观测点

1. 中心管理及资源保障

中心管理及资源保障两大板块主要由行政部门的日常工作来保障。在对于中心管理的评估标准中，规定了学院所有规章制度及其执行情况都必须有据可循，完整记录下来，同时这些规定都必须得到学校管理者的认可。如果管理层或学院发生任何变动，需要及时记录及更新相关信息。所有人员的岗位职责必须完善和清晰，任何人在工作中需要保持公平性，如果有涉嫌失职行为，需要及时调查与处理。

针对这些要求，学院行政部门日常工作的观测点首先是中心管理手册的制订与执行，明确了学院组织架构、岗位职责、员工招聘及考核标准、教学管理流程、员工申诉及数据管理等详细内容,使各个部门的工作有据可依。另一个主要观测点为日常教学资源保障检查。内容包括对学院各岗位人员聘任要求与资质的审查,日常教学活动场地及设备等信息。例如,学校场地是否顺利通过消防安全检查,在开学之前所有教学设备是否安装准备到位,开学后的教学活动中是否保持日常检查和维护,记录是否齐全,教学及考试环境是否得到良好维护、运行正常,每位师生是否可以安全且公平地使用合适的资源,等等。

2. 教学审核

教学部门的工作为整个教学质量保障体系的核心,因此它承担着需要满足教学审核这一板块的主要功能。在外方教学质量保障体系中,有一个非常重要的环节:内审,由内审员完成,主要负责审查日常的授课及阅卷质量等。在教学审核的板块中,主要的要求包括:学院需要有完善的教学相关规章制度,并且能够保障教学及内审过程公平恰当;所有的内审流程必须被详细地记录下来;考试的内容和选择使用的方式必须是可靠、可行、公平公正的;考试答题的内容必须是学生原创的;阅卷及评分依据必须是准确公平的;试卷的保存必须符合安全及时长要求等。

据此,教学部门在工作中的第一个主要观测点为教师手册及内审手册的制订与执行。内审员的审查工作贯穿整个教学过程,主要分为前中后三个阶段,包括对教师授课信息、教学大纲、教学计划、课程教案的审核与跟进;确认核对考试试题内容及方式的正确性;指导教师的阅卷工作,确保阅卷的一致性与公平性,并对结果进行抽查。第二个主要观测点为内审报告,包括教学准备检查表、内审反馈报告及内审沟通会议记录等三份文档。第三个主要观测点为考试材料的审核,包括试卷的确认及领用、考场监考记录、原创申明以及试卷流转记录等。由此最大限度地保障考试的公平性及有效性。

除了满足外方教学质量保障体系的要求,以利于学生毕业后能够顺利留学以外,学院教学部门还根据本国国情、传统和“立德树人”的教育总方针,做了一系列的工作来长远的提升教学质量和学生获得感。首先,在师资队伍的建设上,学院加大了对教师培训的力度,依托学校整体的教师培训体系，增设了具有本院特殊性的专题培训，根据学科专业开设不同的工作坊，为教师们提供在一起讨论、交流不同学科教学情况的平台。其次，学院继续推行自主教辅材料编写的工作。教辅材料的内容匹配现有教学课程的安排以及英语教学模式，可以用于课堂模拟练习及补充阅读材料。这样可以更好地帮助学生理解课堂知识，提升学生的阅读量与课堂参与度，也能够进一步促进学生发散性思维，辩证式思考乃至于培养自主学习与团队合作的精神。此外，教学部门还设计并执行了"培优计划"与"菁英计划"。前者为语言课阶段基础比较薄弱的学生提供基于导师制的培养与提升。针对学生的短板，教师们利用课余时间，为学生提供线上线下混合式学业指导，督促词汇打卡，进行线上答疑，口语模考等。并且形成教辅联动和家校联动，学生所有学习情况都能够及时得到多向反馈。"菁英计划"为专业课阶段学有余力的同学提供拓宽视野，自我提升的多项机会。学院为参与该计划的学生提供丰富的学术讲座，同时带领学生进行企业交流实践和团队拓展活动，培养其潜在的领导力，使学生们有机会参与到更多的第二课堂活动中去，为其将来出国深造或回国就业打下坚实的基础。

3. 数据管理

教务部门所负责的学籍、考务及成绩等工作是整个教学质量保障体系中数据管理板块的必备和关键环节。其主要职能对应的审核标准是：在考务工作中保障每一个学生都可以得到公平的考试机会，并且每一项成绩都是真实有效的；对有特殊考试需求的学生予以支持；所有的学籍信息、考试成绩必须正确地录入系统；在数据管理中不得泄露学生个人信息等。

因此，教务部门在日常工作中制定了一系列的工作表单及文件作为相应的观测点。其中最重要的是一套针对学籍、考务、成绩管理、试题管理、教学支持等工作编订的工作手册，里面写明了每个工作模块的工作依据、要求和步骤，可以让新进员工迅速上手，开展工作。值得一提的是所有手册文档都会定期更新，并注有版本信息。教务部门支持教学工作的很多申请表由此构成了重要观测点，例如《考试申请表》《查卷申请》等。对于学生可能提出的特殊需求，例如听力障碍、阅读障碍等，教务部门会根据实际情况，安排特殊的独立考场。

随着工作不断地推进和优化，教务部门的管理流程已经相当成熟，最大限度地保障了学生在校学习的体验感，因为考务、考勤、申诉等工作都是和国际接轨的，设计时也参考了大量海外院校的管理办法。例如考试的方式不再是需要监考的期中、期末考试，更多的是开放调研型的考察模式，学生写完调研报告后提交到报告箱，教师进行审阅。这样通过各方面的举措，学院能够让学生提前适应熟悉海外教学管理的模式，在出国后很快融入当地环境，缩短适应期。

4. 学生工作支持

学工部门作为保障体系中学生板块的重要执行部门，其工作的主要审核标准是：学生能够得到足够的学习支持，包括机会和资源；确保学生在学习相关课程前有相关先导知识的储备；学生的申诉与投诉必须按照相关规定程序进行处理等。

为此，学工部门联合教务和教学部门，在日常工作中设计了一系列的环节作为观测点，全方位地保障学生服务。首先，学工部门编订了学生手册，详细规定了学生在校期间的权利和义务，包括资源的使用、各项教学规定、考场考试的要求、申诉的流程等。学生在入学之初的首日教育班会上进行集体学习并且签字确认。同时，学工部门还有大量辅助支持性表格，用于帮助学生申请帮助或者获得更多的资源，例如《缓考申请书》《奖学金申请表》等。此外，学工部门还利用课余时间开展一系列师生互动活动，包括迎新拓展，校友团聚日等。一方面在这些情境体验中，调节学习氛围，形成团结向上的风貌；另一方面，也让学生和校友们共享信息资讯，利用各种社会资源，充实自己。

（三）教学质量保障体系下的阶段性成果

历经十余年的沉淀与革新后，在上述既对标国外合作机构和院校的基本要求，又坚持符合社会主义人才培养价值取向的教学质量保障体系的保驾护航下，上外贤达学院国际教育学院的本科教育课程取得了阶段性的成果。近十年来，学院的管理体系及专业课程教学工作几乎一路“绿灯”，既满足了学校对师资、生源质量、培养原则等各方面建立在社会主义核心价值观基础上的总体要求，又顺利地通过了外方的各项审核。毕业生实现了

100%海外院校续本,95%的学生在本科毕业后选择在海外继续攻读硕士学位,其中约80%的学生可以申请到QS世界排名前100名的学校。众多的优秀毕业生被世界500强企业所录用。

四、结语

上外贤达学院的国际本科项目的国际化不仅仅体现在教学语言和授课内容上,而是将教育国际化的内涵贯穿始终,培养了学生立足"四个自信",使之具备用国际化方式思考问题和解决问题的能力,从而成为有中国情怀、高尚情操和国际化视野、将来能服务中国特色社会主义现代化建设事业、报效祖国的国际化应用型人才。

在探索和践行具有上外贤达特色的国际化教育之路上,行之有效的教学质量保障体系毫无疑问是一根定海神针。我们要看到,在国家高考升学途径之外,还有大量未能通过高考接受高等教育或者有特殊需求的青年学子,贤达学院和国内同类课程体系将这些学生进行二次选拔,进入国际本科就读,赴外留学,将来回国效力,这是对国内高等教育的一种重要补充和贡献。贤达学院在该领域对教学质量保障的一系列探索、措施和积累的经验,一方面既能为学校计划内本科教育质量保障体系提供参考,促进其建设;另一方面也能为兄弟院校国际化教育的发展起到启发式作用。

(作者单位:袁语,上海外国语大学贤达经济人文学院。电子邮箱:yuanyu@xdsisu. edu. cn)

参考文献

[1] 黄鸿鸿,张静. 好的应用型本科院校教学质量保障体系发展探究[J]. 教育现代化,2019,6(48):104-105.

[2] 金礼舒. 应用型本科院校内部教学质量保障体系构建的探讨与实践[J]. 考试周刊,2019(32):12+14.

[3] 李国润. 民办本科高校教学质量保障体系构建研究——以黑龙江工商学院为例[J]. 文化创新比较研究,2021,5(5):62-64.

[4] 苏翠红,桑开勇. 应用型新建本科院校教学质量保障体系的构建与实践——以玉林师范学院为例[J]. 现代职业教育,2019(7):1-3.

[5] 吴文博. 应用型本科高校教学质量监控及保障体系建设的研究[J]. 数字通信世界,

2020(3)：278.
[6] 莫天生.新型质量观下应用型本科高校教学质量的保障体系探究[J].职教通讯，2020(5)：90-95.
[7] 张秋云.应用型本科院校教学质量保障体系现状与对策[J].当代教育实践与教学研究，2018(12)：75-76.
[8] 张晓云.应用型本科高校教学质量保障体系的构建[J].中国成人教育，2020(1)：53-56.
[9] 赵幸.高校本科教学质量保障体系有效性的理论建构——基于扎根理论的探索性分析[J].湖北师范大学学报(哲学社会科学版)，2021，41(5)：97-103.

第四部分
学生管理

后疫情时期高校毕业生慢就业现象探究

冷　涛

摘　要： 由于新冠肺炎疫情冲击，高校毕业生就业越发困难，也让“慢就业”现象愈演愈烈，作为人才培养重地的高校已然要对此问题高度重视起来。“慢就业”既在一定程度上体现了高校学生求职规划教育的某种缺失，也为今后的就业市场的完善、就业导向的形成提出了挑战。如何引导学生摒弃“慢就业”思想，树立正确的就业观是目前我们要深入讨论的课题。

关键词： 高校毕业生就业；择业观；职业规划；慢就业

一、引言

2020—2021年，受新冠肺炎疫情等原因影响，高校毕业生就业形势严峻，在此背景下，“慢就业”现象日渐突出。许多人的就业观、择业观已悄然改变，不再遵从“毕业即工作”的传统模式，而是更多的考虑未来规划和就业质量。特别是在疫情这种不可抗力下，很多学生考虑到安全等问题，也加入“慢就业”的行列。

虽然在疫情防控有序进行的背景下，校园线下招聘正常开展，就业市场不断回温，但疫情后续影响仍未消退，对毕业生就业心态影响较大，学生就业选择更加趋稳，“慢就业”和“缓就业”现象持续。例如调查显示，2020届某市籍离校未就业高校毕业生，自愿暂不就业的有1 364人，同比增长

205.14%，且人数有增长的趋势。

有媒体认为，“慢就业”现象的出现，说明学生就业更趋于理性，是“磨刀不误砍柴工”，但更多的人认为，很多学生选择“慢就业”，其实只是在逃避日趋严峻的就业形势，为自己找不到工作寻借口。

二、慢就业的成因

深入分析“慢就业”现象，我们不难看出，这种现象的出现，有以下几个主要原因：

（一）原生家庭的支撑

根据相关调研，“70后”和“80后”的高校学生毕业时一般希望早日找到工作，以减轻家庭负担，实现经济独立。然而“90后”和“00后”的学生成长环境相对富裕，经济压力减少了很多，有部分学生因为家庭经济实力强，家长允许他们在毕业后休息一段时间，寻找未来的方向。同时，也有部分家长将自己年轻时候未找到合适工作的遗憾弥补在了孩子的身上，希望孩子不要像他们那样，刚毕业时为了生活而找个低收入、却不喜欢的工作委屈自己，所以并不要求孩子一毕业就工作。来自原生家庭的支持，让“慢就业”一族没有了就业的压力，自然倾向于避免辛苦的寻找工作机会。

另外，因为家庭条件的优裕，很多学生求职时更多考虑的是实现自我价值或者得到社会的认同和尊敬，因此在择业过程中更倾向于先继续读研、提升学历，或寻找心目中的“铁饭碗”，从而导致“慢就业”。

（二）学校就业指导教育的不足

“慢就业”一族的部分学生，实际上是等待在毕业之后再去寻找自己的就业方向，换句话说，在毕业之前，他们对自己的就业方向并没有清晰的规划，这在一定程度上反映出了其所在学校就业指导教育在疫情袭来时及后疫情时代，没有及时得到调整，导致就业指导教育流于形式，未能针对性地细化到专业和个人，让很多学生没有得到正确的引导，对就业困难和未来感到迷茫，面对毕业后即将走向社会无所适从，又不甘心将就，只能选择“慢就业”。个别学校甚至在就业指导教育中一直存在形式主义问题。

（三）学生求职意向更趋多元化

“慢就业”现象的蔓延，也凸显了学生求职意向的多元化。“慢就业”在西方国家并不是一个新名词，例如很多美国大学生在学校毕业后都会间隔一两年再工作，在这期间寻找自己的方向。如今全球化速度加快，国内高校学生的思想逐渐更加开放，在就业择业观方面也会受到美国等发达国家校园思潮的影响，思想日趋多元化。同时，“90后”和“00后”学生思维活跃，个性突出，工作动机已经由对物质的追求日趋转变为满足个人喜好，一些学生甚至对于就业指导老师单一、机械的说教感到厌烦，反而更加坚持自己的想法和决定。此外，因为疫情后续影响持续，很多用人单位特别是中小型民营企业抗风险能力较低，经营出现困难，对人力资源的需求缩减甚至暂停，连锁造成高校部分毕业生求职意向不强，参加公务员录用考试和研究生招生考试的队伍明显扩大。

对于后者来说，“考公”、“考研”（包括申请注册国外院校研究生）也是值得鼓励的进步追求，被录取者也均统计计入就业率。我们这里探讨的是不顾自身基础和招录（招生）现况，仅凭一时兴趣脱离实际、乃至数年反复参加相关考试的现象。这客观上使毕业生延宕了进入社会的时间，对其长期发展是不利的，需要我们适时介入，给予指导。

三、“慢就业”问题的解决之道

“慢就业”现象的滋长和蔓延，对高校就业指导工作者的工作提出了更高层次的要求。2021年5月13日，在教育部举办的新闻通气会上，教育部高校学生司副司长吴爱华表示，现在的毕业生大多是“00后”，他们拥有更多的人生选择。他们有的选择升学或创业，有的选择到企业就业，与此同时，“慢就业”现象也在增长。“针对这类毕业生群体，我们要为毕业生提供更加精准的服务。”所以，各高校就业指导工作者应早做准备，积极应对，用更全面精准的服务应对慢就业现象。

（一）及时做好低年级学生的就业指导工作

“冰冻三尺非一日之寒”，学生形成“慢就业”的想法，与部分高校就业工作没有下沉，只注重对大四学生的指导，忽略对低年级学生的就业指导工作有关。其实，大部分学生到了大四临近毕业阶段，对于未来的构想趋于两极分化：一部分同学的就业方向非常明确，这部分同学不需要过多指导；而另一部分同学完全不想马上就业。实事求是地讲，我们的就业指导工作对后一部分同学难度很大，收效甚微；只有那些处于中间地带、既想找工作，又没有方向的同学易于接受指导，但是这部分同学在毕业生中占比不高。这就形成了毕业生就业指导的一个悖论。

要避免这个悖论，就业指导工作必须下沉，从学生入校开始，就要指导学生对自己的未来有一个大致规划。只有这样，学生才能更合理地安排大学四年的学习和实践，通过努力学习，考取相关职业证书，去相关岗位实习，为未来的求职添砖加瓦，而不是到了大四想求职的时候才发现自己无论是硬件还是软件都达不到理想工作的要求，只得抱憾选择一个自己所不喜欢的工作，或者选择"慢就业"。

因此，就业指导工作下沉，有利于尽早树立学生积极的价值观和正确的就业观，让学生尽早为就业做准备，这样到大四时，就业对于学生来说将是水到渠成的事，而非社会、学校和家庭强压给他的负担。只有让"要我就业"变为"我要就业"，充分发挥学生的主观能动性，才能达到更好的就业指导的效果，而要达到这一目的，必须从低年级开始就对学生进行系统的就业指导教育。

（二）改进就业指导方法，吸引学生兴趣

部分高校的就业指导工作之所以效果不佳，养成一大批"慢就业"学生，还有一个重要原因是工作方式过于陈旧，没有与时俱进，很难吸引追求流行元素、喜欢新鲜感的大学生。说教式的就业指导对学生来说往往无法入耳，更无法入心，起不到好的效果。因此，要吸引新时代的高校学生，就业指导工作必须紧跟时代，推陈出新。建议从以下几个方面改进：

1. 引入新媒体。随着智能手机的迅猛发展，新媒体全面进入大家的生活，而大学生群体因对新事物的追求和对潮流的敏感性，已经成为手机新媒体最活跃的用户群体之一，毫不夸张地说，大多数高校学生都有一部智能手机。因此，就业工作也有必要利用好新媒体，可以通过微信公众平台、微信群、就业 app 等方式，线上与线下相结合，对学生进行全方位的就业指导，让就业指导更吸引学生,更全面深入。

2. 使就业指导更精细化。目前,很多高校的就业指导方式比较单一和陈旧,指导的重点在“要你找”,而没有细化到“如何找”,因此指导效果不甚明显。其实学生更需要的是细节化的指导,例如在何处获取就业信息,简历制作过程中应注意哪些事项,面试时有什么技巧可以借鉴等。所以,作为就业指导工作者,我们首先要在学生中进行深入、全面的排摸,了解学生真正的需求点,然后“对症下药”,才能让就业指导入耳入心,帮助学生树立正确的就业观、择业观,避免部分学生产生“慢就业”的想法。

3. 高校间加强交流,取长补短。在疫情继续经常性地阻碍线下交流活动的特殊时期,我们更应注意坚持在遵守疫情防控政策前提下与兄弟院校及时交流,同时增加和保持线上的沟通和交流,借鉴、引入其他高校优秀的就业指导方法。现在是就业“寒冬”,很多高校实际已开始抱团取暖,组织了很多的论坛,进行就业指导交流,让优秀的思想相互碰撞,迸发出了很多好的想法和观点,今后若是将这些好的观点、方法与本校实际相结合,将能更好地建构本校的就业指导体系;相反,若是一味地闭门造车,没有汲取和借鉴最新的就业指导理念和方法,那么本校的就业指导工作可能永远在原地踏步,无法取得提高和进步。

四、建立完备的就业指导工作支撑体系

对于部分就业指导老师尤其是入职不久的辅导员来说,就业工作最困难的是孤军奋战,得不到有力支撑。育人是一个系统、全面的过程,需要学校、社会、家庭三方齐心协力,共同完成,而“就业”同样如此,需要社会、家庭以及学校各个部门的全方位支撑。

(一) 媒体的宣传导向

从社会层面讲,我们注意到一些媒体过度强调了疫情对高校毕业生就业的影响,相关报道初衷是好的,内容也符合事实,但客观上让部分同学对就业产生了畏难情绪,继而产生了逃避的想法。

固然,因为疫情影响持续,全球经济形势严峻,就业难度较之前经济高速发展时期有所增加,但是挑战往往蕴含着机遇,而且在国内,新的经济增

长点不断出现，大量二、三线城市的崛起也给毕业生提供了更多的职业选择。因此，我们建议有关媒体从大局观出发，平衡一下各方面的报道，不应过多强调就业困难，而是要多做正面宣传和引导，帮助学生树立正确的就业观、择业观，指导学生到祖国需要的地方去就业，到更适合自己的城市，更适合自己的岗位去就业。

同时，媒体也不能不加甄别地将西方一些思想观念引入国内，因为不少高校学生价值观尚未完全成熟，对繁杂的信息鉴别力较低，会囫囵吞枣地吸收一些与中国国情不相符合的观点，给高校思想教育工作包括就业指导工作增加了难度。例如“慢就业”观念，在美国等西方发达国家，大多数学生从中学便开始通过打工、创业等方式，逐步完成了经济上的独立和对未来职业的规划，“慢就业”往往只是他们为了更好的职业发展进行蓄力的过程。但在中国，高校学生的支出大多数仍依靠家庭供给，没有独立的财务支撑能力，“慢就业”就可能变异成为一部分学生在毕业后“啃老”的借口。

（二）家庭的作用

从家庭层面讲，我们要通过沟通与家长统一思想，使家长充分认识到，学生就业并不只是为了经济收入，更是为了锻炼自己，实现人生的价值，这需要学生真正踏入社会，在工作中得到淬炼才能完成。若是一味让学生躲在家庭的避风港里，将会产生惰性，再踏入社会便可能需要漫长的适应期，不利于孩子的进一步发展。而且，“慢就业”需要高昂的经济和时间成本，不是每个家庭都能承受的。若是出于对孩子的溺爱，不顾家庭现状支持孩子“慢就业”，对整个家庭也是一种负担。另外，我们也要让部分家长认识到，无视学生的自身情况和求职意愿，一味地要求学生考研、考公，不但会给学生带来巨大压力，同时会延误学生自身的发展。因此，我们需要通过积极沟通，帮助认识有误区的家长转变观念，继而共同帮助学生尽快踏上求职之路。

（三）学校的内在驱动力

从学校层面讲，各高校尤其是应用技术型高校应在人才培养模式、教学内容、教学方法和教学管理等方面大力开展“产教学研”互融互通，同时推广建设就业指导工作室，加大就业实习力度，增强学生就业能力，提升与企业的适配度。要在学校形成全员促就业的机制，无论是教师还是管理人员，都要给学生积极的就业建议，比如教师在课余与学生交流时补充一些本专业的就业要求，分享一些求职成功学生的案例，在学生心目中埋下向优秀学长看齐的种子、逐步找到正确的求职方向；同时，管理人员也要在管理学生的过程中，向他输导积极正确的就业观，由此各方协力，齐抓共管，在整个学校营造一种积极向上的就业氛围，带动部分不想就业的同学转变观念，积极求职。

五、结语

后疫情时期"慢就业"现象在高校毕业生中蔓延，反映出的问题是深刻的，一些社会因素的推波助澜，部分家庭的溺爱和放纵，学校一些工作的指导错位，让未步入职场的大学生形成了这一就业观。

当然，不可否认的是，的确有部分"慢就业"的学生是为了未来更好的发展而放慢了自己的脚步，但是更多的学生不就业的原由是存在认识偏差的。因此，高校要对这两类同学进行排摸，分类进行指导，特别是对那些对就业产生懈怠、畏难情绪甚至有长期依赖父母想法的同学，我们要进行全方面的关心与指导，帮助他们尽早地走出"慢就业"的误区。

总之，进入后疫情时期，高校应更重视"慢就业"现象，并调动一切可以调动的力量和资源，让社会、家庭和高校进行联动，及时对学生的就业观，择业观进行引导，不要让"慢就业"成为部分学生不愿意找工作的借口，成为"啃老"的"遮羞布"。包括本科毕业后计划考取公务员、继续攻读国内或国外研究生的学生，我们的工作方针是让每一名学生都能对自己今后的人生发展进行成熟的思考，进行良好、符合自身条件和人才市场需求的职业规划，在服务国家社会主义建设的有价值的工作中实现自己的人生价值。

（作者单位：冷涛，上海外国语大学贤达经济人文学院。电子邮箱：1120100@xdsisu. edu. cn）

参考文献

[1] 胡婉君. 疫情后时代高校辅导员做好毕业生就业工作的探讨[J]. 现代商贸工业，

2021,42(34): 69 - 70.
[2] 李伟静.慢就业现象下大学生就业创业指导服务体系探究[J].河南农业,2021(24): 10 - 12.
[3] 邱琳,张春妹,李强.新时代高校大学生“慢就业”成因及对策分析[J].石家庄学院学报,2021,23(5): 29 - 33.
[4] 孙蕾,蔡振秋,洪桂洁,等.当前大学生“慢就业”现象研究[J].湖北开放职业学院学报,2021,34(19): 115 - 116.
[5] 王亮.对大学生慢就业现象的探究[J].黑龙江科学,2021,12(19): 128 - 129.
[6] 夏春秋.高校毕业生“慢就业”现象透视及其引导策略[J].和田师范专科学校学报,2021,40(5): 62 - 67.
[7] 徐丽红.顶格应对:疫情防控常态化下大学生“慢就业”的应对之策[J].思想政治课研究,2021(4): 83 - 92.
[8] 文菲斐,杨永贵.疫情会让大学生更愿意选择“慢就业”吗?——基于广州5所应用型高校调查数据的实证检验[J].中国劳动关系学院学报,2021,35(5): 109 - 124.

高校学生党员积分制评价体系实践探索

李　凤　万　瑾　范　蓓

摘　要：中国共产党十分重视高等学校党建工作，并以此引领教师教研及学生学习等其他方面的工作。学生是高校党员发展的主要力量来源，新形势下更是要不断加强对学生党员的日常教育，通过实践和调研，探究提升学生党员质量的方法，从而实现学生党员党性教育常态化。上海师范大学是上海市重点建设高校，本研究以课题组在该校外国语学院的创新实践为基础，通过一定数量的样本，探索和检测一套学生党员评价积分体系的科学性和可操作性。

关键词：高等学校党建；学生党员；党员评价；积分制

一、引言

根据中共中央组织部发布的《2019 年中国共产党党内统计公报》显示，中国共产党党员总数为 9 191.4 万名，2019 年发展党员为 234.4 万名，其中发展学生 84.4 万名，占全年发展总数的 36％。近年来，党中央十分重视党员的教育管理工作，先后出台了《关于新形势下发展党员和党员管理工作的意见》《关于加强和改进新形势下高校思想政治工作的意见》及《普通高等学校学生党建工作标准》等文件，加强对党员的管理教育，推进全面从严治党向纵深发展，对于提高党员队伍的凝聚力和战斗力有着重要意义。党组织对于发展党员有着详尽、具体的要求,然而在实际操作过程中,存在重视党员发展过程却轻视入党后培养和教育的现象;对于学生党员的管理和评价体系亦存在不完善之处。管理过程中存在一定盲区,评价考核过程中缺乏客观量化标准,导致有些党员在入党前和入党后的表现产生一定的差距。因此,有必要通过积分制解决学生党员评价和教育过程中方式单一的问题,弥补学生党员综合评价的空白,使之成为加强党员日常教育的必要抓手。

二、高校党员积分制体系构建

本研究以上海师范大学外国语学院为例,对高校学生党员日常管理、监督和考评等现状,通过问卷调研、深入访谈和座谈等多种形式,拟定了学生党员积分制评价体系。评价体系以学年为积分周期,包括"党员基本素养"积分,"思想道德品质"积分,"专业学习能力"积分,"学术科研水平"积分,以及"志愿社会服务"积分,满分 100 分外加附加分。评价体系有较为完善的测评程序,涵盖个人自评、支部初评和党委评议三方评价,以确保评价体系的全面和客观性。

(一)"党员基本素养"积分

满分为 20 分。内容围绕坚定理想信念、履行党员义务、发挥先锋作用等方面进行设置。具体包括以下方面:党的理论知识测试,是否按时主动缴纳党费,是否落实设岗定责,以及是否有违反党纪党规、校纪校规的情况等。

(二)"思想道德品质"积分

满分为 20 分。围绕是否获得过优秀团员、志愿者等称号,学生工作和集体活动参与情况进行打分。如出现学术造假行为,此项得 0 分。

(三)"专业学习能力"积分

满分为 20 分。根据专业学习成绩的等级进行打分,并根据外国语学院的专业特色、相应的外语水平等级证书给与相应的加分。

(四)"学术科研水平"积分

满分为 30 分。根据学术论文在不同等级的期刊上的发表情况、课题项目的等级进行打分,并将学生参与各类创新实践竞赛(例如"挑战杯"、全国大学生英语竞赛等)考虑在内,给予相应的分数。

(五)“志愿社会服务”积分

满分为 10 分。根据志愿服务的级别进行打分,附加分包括:义务献血,大学生服务西部计划,以及好人好事被媒体报道等。

三、高校学生党员积分制体系实践探索

(一)测评基本情况

本文通过前期调研,邀请上海部分高校基层党组织(以上海师范大学、华东师范大学、上海外国语大学为主)进行学生党员测评,共计 122 人(其中上海师范大学外国语学院 86 人,上海外国语大学高翻学院 15 人,华东师范大学外国语学院 21 人)。在实践过程中,参与测试的高校党员严格考核,坚持实事求是,保证实验数据的准确性。通过走访专职党建人员、学生党支部书记、学生党员代表等,了解评价体系是否全面、客观,并听取修改意见。

(二)测评初始结果

2019 年 6 月,上海师范大学外国语学院全体 86 名研究生党员参与积分评价,其中 2016 级研究生党员 21 人,2017 级研究生党员 37 人,2018 级研究生党员 28 人。测评初始结果详见表 1。

表 1 上海师范大学外国语学院学生党员测评分数

学校 项目	上海师范大学
党员基本素养(平均分)	18.37
思想道德品质(平均分)	16.53
专业学习能力(平均分)	14.60
学术科研水平(平均分)	8.16
志愿社会服务(平均分)	3.84
其他附加分(平均分)	0.00

续 表

学校 项目	上海师范大学
得分(总平均分)	61.4
最高分	95
最低分	31

评价积分制度的总分值为100分(不包括附加分20分)。上海师大外国语学院研究生党员最高为95分,最低分为31分,90分及以上者2人,80分及以上者12人。平均为62.16分,约为半数的参与评分者(共41人)位于平均分线之上。

对比参与测评的其他高校情况,3所学校党员积分制测评的总平均分相近,上海师大、上外和华东师大分别为61.49分,59.66分和63.05分。具体数据详见表2。

表2　参与党员积分制高校学生党员测评初始结果

学校 项目	上海师范大学	上海外国语大学	华东师范大学
党员基本素养(平均分)	18.37	19.36	19.54
思想道德品质(平均分)	16.53	15.78	15.84
专业学习能力(平均分)	14.60	15.13	15.52
学术科研水平(平均分)	8.16	7.54	9.67
志愿社会服务(平均分)	3.84	1.86	2.47
其他附加分(平均分)	0.00	0.00	0.00
得分(总平均分)	61.4	59.69	63.05
最高分	95	82	97
最低分	31	51	44

在5个基本评分项中，党员基本素养、思想道德品质以及专业学习能力等3个项目，3所高校测评结果平均分值都很相近，研究生党员都表现得相当出色。反观学术科研水平的平均分都比较低，一方面可能和测评学生党员所处年级相关（大部分学生为低年级）；另一方面可能与相关专业领域成果发表难度有关。同样得分较低的还有志愿服务项目，3所高校的学生党员在志愿服务方面参与度较低。在附加分项目上，3所高校均未得分，说明此次参与测评的学生党员没有在该学期参与过义务献血活动，或者大学生服务西部计划等，在这方面的模范作用有欠缺。

（三）测评结果筛选分析

因其他高校测试样本有限，课题组另对上海师范大学外国语学院党员的测试进行了更全面的具体分析。首先对初始数据进行预处理，删除空白数据，清洗无效数据，然后对76份有效数据利用 SPSS 25.0 进行分析处理。其中运用描述性统计、单因素方差分析、相关性分析等方法。

1. 从描述性统计看，志愿服务有待加强

描述性统计依据对相关数据的分析，对测量样本的各种特征及其所代表的总体特征进行描述。

表3　样本的描述统计

总体特征 / 各种特征	N	最小值	最大值	均值	标准差
党员基本素养（20分）	76	10	20	17.38	3.370
思想道德品质（20分）	76	5	20	16.45	3.109
专业学习能力（20分）	76	0	24	16.09	5.018
学术科研水平（30分）	76	0	30	10.75	11.615
志愿社会服务（10分）	76	0	20	5.07	4.446
得分	76	30	97	65.91	16.140
其他附加分	76	0	10	0.13	1.147
有效个案数（成列）	76				

从最大值、最小值、平均值、标准差的角度分析样本数据的集中趋势和离散趋势，结果表明得分的平均值为65.91，党员基本素养这一维度得分最高，而在志愿社会服务和其他加分项上得分最少。

经过进一步了解，主要原因是学生党员平时课业繁忙，很多人误认为做好日常工作、完成常规任务就是一名合格党员，对服务群众缺乏更深入的认识。学校党委应当强化学生党员以服务意识为己任，帮助其打好成为社会栋梁的基础，发挥先锋模范作用。

2. 从单因素方差分析看，专业素养有待提升

单因素方差分析用来研究一个控制变量的不同水平是否对观测变量产生了显著影响。本课题以党员基本素养、思想道德品质、专业学习能力、学术科研水平、志愿社会服务、其他附加分这5个因素作为单一研究变量，分别探究单一研究变量对得分是否会产生显著影响。通过先前进行的描述性统计分析可知，总体样本呈非正态分布，所以对其数据进行正态化处理后进行单因素方差分析。

表4　样本的单因素方差分析

单一研究变量 \ 单因素方差分析		平方和	自由度	均方	F值	p值
党员基本素养（20分）	组间	553.560	43	12.873	1.276	0.239
	组内	322.967	32	10.093		
	总计	876.526	75			
思想道德品质（20分）	组间	416.389	43	9.683	1.005	0.501
	组内	308.400	32	9.638		
	总计	724.789	75			
专业学习能力（20分）	组间	1 338.189	43	31.121	1.810	0.042
	组内	550.167	32	17.193		
	总计	1 888.355	75			

续 表

单一研究变量＼单因素方差分析		平方和	自由度	均方	F 值	p 值
学术科研水平（30 分）	组间	8 507.633	43	197.852	3.931	0.000
	组内	1 610.617	32	50.332		
	总计	10 118.250	75			
志愿社会服务（10 分）	组间	760.054	43	17.676	0.783	0.775
	组内	722.617	32	22.582		
	总计	1 482.671	75			
其他附加分	组间	48.684	43	1.132	0.725	0.839
	组内	50.000	32	1.563		
	总计	98.684	75			

通过单因素方差分析，结果表明：专业学习能力的 p 值为 0.042，学术科研水平的 p 值为 0.000，小于显著性水平 0.05，专业学习能力和学术科研水平会对最后得分产生显著影响。

学生党员在专业学习成绩上始终能够保持在队伍的前列，做专业学习上的引领者。但是学生党员的科研能力得分却成了本次测评的“重灾区”，其科研能力有待进一步提升。经进一步了解，主要原因是低年级的学生党员缺少一定的知识储备和科研实践能力，高年级的学生党员则缺乏一定的创新精神。学生党员在学习和积累的阶段，要注重为之后的科研工作打下坚实的知识储备和理论基础。院系可以采取多样化方式，例如增加学术讲座的安排，以开拓学生的学术视野，鼓励学生积极探索、锐意进取。

3. 从相关性分析看，党员理论学习有待加强

相关性分析是指对 2 个或多个具备相关性的变量元素进行分析，从而衡量两个变量因素的相关密切程度。相关性的元素之间需要存在一定的联系或者概率才可以进行相关性分析。本研究通过相关性分析探究党员基本

素养、思想道德品质、专业学习能力、学术科研水平、志愿社会服务、其他附加分和得分等因素的两两相关性关系。

表 5 样本的相关性分析[a]

变量因素	变量因素	思想道德品质(20)	专业学习能力(20)	党员基本素养(20)	学术科研水平(30)	志愿社会服务(10)	其他附加分	得分
思想道德品质(20)	ρ	1.000	−0.058	−0.010	0.099	0.306**	0.160	0.290*
	p 值[b]		0.619	0.928	0.396	0.007	0.167	0.011
专业学习能力(20)	ρ	−0.058	1.000	0.198	0.206	0.091	−0.008	0.436**
	p 值	0.619		0.087	0.074	0.434	0.944	0.000
党员基本素养(20)	ρ	−0.010	0.198	1.000	0.060	0.054	−0.146	0.278*
	p 值	0.928	0.087		0.609	0.640	0.207	0.015
学术科研水平(30)	ρ	0.099	0.206	0.060	1.000	0.126	0.132	0.849**
	p 值	0.396	0.074	0.609		0.279	0.257	0.000
志愿社会服务(10)	ρ	0.306**	0.091	0.054	0.126	1.000	0.003	0.411**
	p 值	0.007	0.434	0.640	0.279		0.981	0.000
其他附加分	ρ	0.160	−0.008	−0.146	0.132	0.003	1.000	0.153
	p 值	0.167	0.944	0.207	0.257	0.981		0.188
得分	ρ	0.290*	0.436**	0.278*	0.849**	0.411**	0.153	1.000
	p 值	0.011	0.000	0.015	0.000	0.000	0.188	

注：[a]样本数 $n=76$。

[b]双侧检验 p 值。

* 表示 $p<0.05$。

** 表示 $p<0.01$。

通过斯皮尔曼相关性分析，结果表明：党员基本素养、思想道德品质与得分呈显著相关($p<0.05$);思想道德品质与志愿社会服务呈显著相关($p=0.007<0.01$);专业学习能力、学术科研水平、志愿社会服务与得分呈显著相关($p=0.000<0.01$)。

学生党员能够严格做到按时交纳党费、设岗定责、遵守党纪党规,但是党的理论知识学习不够扎实。大部分党支部更多地是在在支部大会上组织集体学习党的方针政策和新思想、讲话精神等,没有充分重视调动、发挥学生党员理论学习的主动性,要采取有效措施改变上述被动的学习方式,促进学生自主学习、主动学习,提高学生党员基本素养,进一步做到思想上入党。提高党员政治敏锐性,发挥党员的先锋模范作用。

四、结语

自中共十九大以来,全面从严治党已经成为新时期党对于党员发展和管理工作的新要求。高校学生党员更是党员队伍中不可缺少的中坚力量,担负着实现中华民族伟大复兴的中国梦的历史使命,高校学生党员的管理和教育工作,影响着学生党员的质量和党员队伍的整体发展水平。为进一步贯彻落实全面从严治党的总要求,深入推进"两学一做",持续加强党员教育和管理,进一步提升党员管理的常态化、制度化和精准化水平,采用党员积分制十分有必要。其作用可总结为以下两点:

(一) 激发党员活力

积分制可以在一定程度上规范学生党员的行为,一方面可以激发学生的责任意识和服务意识,转变学生党员的散漫行为;另一方面也有助于挖掘典型、树立标杆,激发党员的活力,营造良好的创先争优氛围。通过积分制的实施,使党员自觉加强自身修养,主动完善不足之处,从而提高党性修养。党组织积极响应全面从严治党的要求,深化学生党员对"四个意识"的认识,强化学生党员对"四个自信"的理解。同时为学生党员们做合格党员、争做优秀党员指明了方向,提高了党员的先锋模范意识。

(二) 完善党建工作评价体系

积分制评价体系的各项评价标准能够对学生党员起到正面规范和引导的作用。这项制度将党员日常教育管理工作由定性评价转变为定量与定性评价相结合，从抽象到具体，使奖惩有依据，由“人治”逐渐过渡至法治，不断提高党员管理工作的科学性与公正性。积分制体系能够使党员管理工作更加精细化和科学化，从而有利于各级党委对于学生党员评价工作的协调、全面和科学的发展，能够大力促进高校基层党组织的建设。

（作者单位：上海师范大学。电子邮箱：lifeng02@shnu.edu.cn；wanjin@shnu.edu.cn；fanbei@shnu.edu.cn，课题项目：2019年上海师范大学党建研究课题）

参考文献

[1] 崔余辉.增强大学生党员“四个意识”路径研究[J].科教文汇，2017(31)：113－115.
[2] 谭笔雨.试论如何强化高校大学生党员的“四个意识”[J].遵义师范学院学报，2018，20(4)：53－56.
[3] 喻生华，邓丽芬.“两学一做”学习教育背景下高校学生党员成长积分制管理的研究[J].智库时代，2019(3)：129－130.

后疫情时期民办高校国际交流项目学生心理健康教育工作探索与实践

——以上外贤达学院为例

徐浩洁　陈　娴

摘　要：新冠肺炎疫情期间，复杂多变的国际社会环境与抗疫斗争压力给身处异国他乡的留学生们带来了较大的身心影响。作为国内民办高校中海外交流生数量较多的学校，上外贤达学院通过校心理健康工作室在后疫情时代的工作探索与实践，建立了一套有效的心理健康教育与服务机制，确保了疫情期间121名海外交流生的身心健康与安全。同时，依托校际合作、家校联动、师生共融、朋辈互助“四位一体”的协同响应机制，逐步建立了后疫情时期民办高校学生的心理健康实践教育课程体系。在服务学生成长成才的同时，培养其大国公民意识与中国文化自信，引导其正确应对多元文化冲击与突发事件影响，从而助其建立健全心智与人格，促进学业及身心的全面健康发展。工作开展几年来的实践与反思，或可为同类高校的相关工作提供参考经验与做法。

关键词：后疫情时代；国际交流；心理健康教育

一、引言

习近平总书记在2018年9月10日的全国教育大会上指出，“要在培养奋斗精神上下功夫，教育引导学生树立高远志向，历练敢于担当、不懈奋斗的精神,具有勇于奋斗的精神状态、乐观向上的人生态度,做到刚健有为、自强不息。要在增强综合素质上下功夫,教育引导学生培养综合能力,培养创新思维。”(中华人民共和国中央人民政府,2018)

结合上述会议精神,在面对疫情期间党中央提出的“转危为机”的工作要求下,民办高校学生心理健康教育部门如何在后疫情时期,以“查漏补缺,提升质量,满足需求,顺应时代”的工作态度,积极参与学校国际交流项目的学生心理健康教育工作,为海外学子的人身安全与身心健康提供有力保障,成为了一个充满挑战的新课题。

二、上外贤达学院与校心理健康工作室概况

(一) 上外贤达学院概况

上海外国语大学贤达经济人文学院(简称“上外贤达学院”)系国家教育部2004年批准的上海首批全日制本科独立学院,现有全日制本科在校生近8 700人。

学校坚持以学生的发展为中心,紧紧围绕“具有高尚情怀、全球视野和跨文化交流沟通能力的复合型、应用型人才”培养目标,积极探索“外语+”“信息技术+”的复合型人才培养模式,推进新文科建设,通过学分互认、公费交流生、政府奖学金海外学习、本科双学士学位和本硕连读等项目,强化国际化特色办学,为学生提供多样化、多层次海外学习机会。近三年来,平均每年有25%左右的学生前往美国加利福尼亚大学伯克利分校、约翰斯·霍普金斯大学、纽约大学,英国剑桥大学、伦敦大学学院,日本早稻田大学等世界名校攻读硕士研究生(上海外国语大学贤达经济人文学院,2020)。

(二) 上外贤达学院心理健康工作室概况

在上外贤达学院董事会、校领导的高度重视下,校心理健康工作室于2007年组建,通过特聘行业专家领衔的专职团队努力,校学生心理健康工作室得到上海市教育委员会德育处、上海学生心理健康教育发展中心等上级部门的认可,首批成为高校心理健康辅导中心达标单位。

本着“一切以服务学生为本”的办学理念,工作室在不断探索中逐步完

善，形成了一套具有贤达特色的心理教育工作机制。在为学生提供舒心、贴心的心理健康服务的同时，紧紧围绕学校人才培养目标，充分发挥了心理育人的重要作用。

建校至今，上外贤达学院从未发生过因学生心理问题而导致的重大意外事件，也未出现过任何一例由学生心理问题而引起的恶性家校纠纷。

三、后疫情时期国际交流项目学生心理健康教育工作探索与实践

（一）扩大学生心理健康教育工作外延

2020年，新冠肺炎疫情蔓延全球，这是中华人民共和国成立以来，所遭遇的传播速度最快、感染范围最广、防控难度最大的一次重大突发公共卫生事件，也是百年来全球发生的最严重的传染病大流行（《中国共产党简史》编写组，2021）。疫情之初，心系祖国的海外学子与我们一起共克时艰，以实际行动为疫情防控奉献自己一份力量。随着国内疫情好转，国外疫情加剧，身处异乡的留学生们逐步从第一阶段的全力驰援，进入以普遍的群体焦虑、困顿为共性的第二阶段（李明欢，2020）。作为一所国际交流生项目众多的民办独立学院，校心理健康工作室在上级部门学生管理服务中心的指导下，在校国际交流合作处、留学服务办公室以及国际交流学院的协助下，与分散在英、美、西、法、德等国家的121名海外学生及时取得联系，密切关注其心理健康状况，并在学校原有的海外学生学情联络机制基础上，构建起全天候、全覆盖的海外学生心理健康工作联络网，在全球疫情还未得到有效控制时，就已为本校学生织起了一张心理健康防护网。

此项工作后，校心理健康工作室根据国别差异可能给学生带来的压力和影响，参考权威部门对新冠肺炎疫情流行情况的研判，以及海外学生联系员的适时反馈，决定拓宽学生心理健康教育工作构架外延，加强心理健康工作协辅队伍力量。同时，不断完善国际交流项目学生的心理健康管理服务与危机干预机制，构建自上而下的网格化管理系统，避免将心理问题可能导致的安全责任与风险压力全部积累到学生管理的最末端即学生辅导员身上。此外，通过一手抓队伍建设，加强海外留学生心理健康观察、辅导与协

同力量，一手抓课程建设，增强待出国学生应对突发事件和疏解留学压力的能力，前置性地做好学生的意识形态风险防范工作、多元文化适应工作与全方位心理建设工作。

（二）完善心理健康工作机制与保障体系建设

有效的心理健康工作机制与保障体系，是将学生管理服务力量延伸至海外的关键。

首先，党政内外齐抓，需构建以党政引领、校际协作、心理护航为内核的海外交流生育心育人工作模式。在求同存异的基础上，增进国外高校对国内思政育人体系下心理健康工作开展方式的理解，最大化地为学校国际交流生打通国外高校心理咨询工作保密壁垒。疫情期间，国际交流学院党总支牢牢抓紧海外学生中的党员和干部力量，及时掌握学生实际情况，发现危机第一时间干预、解决，并同步告知学生家长。与此同时，学校国际交流合作处和留学服务办公室积极与学生就读地校方对接，确保学生的人身安全和及时的信息反馈。在“三重保险”的合力下，海外学生拥有了7条可寻求有效帮助的联络通道，能够与包括上外贤达学院董事会、校党委在内的各级相关部门取得联系（见图1），确保“离家不离校”的人文关怀。

其次，做好外引内培，为重点学院学生工作队伍配齐配强心理专业人员。上外贤达学院国际交流生主要分布在国际交流学院，通过加大校院联动，加强队伍的心理专业资质培训培养，学校在较短周期内组建起了一支团队人员稳定、学生工作经验丰富的院级兼职心理辅导队伍（共计12人）。其中，学院党总支书记、副书记分别具备国家级、市级心理咨询师资质；2名兼职心理辅导员则在持有专业资格证书的基础上，具有相关专业学历背景；另有2名辅导员正接受上海市高校学校心理咨询师（中级）培训。此外，学校定期为辅导员开展专题培训，助其在日常工作中能更好的识别学生心理危机状况，实现初步缓解学生压力的责任目标。

再次，创立品牌活动，为二级学院学生骨干队伍普及心理健康知识。根据《教育部办公厅关于加强学生心理健康管理工作的通知》和《上海市教育委员关于加强上海学校心理健康教育的意见》中关于完善“学校—院系—班

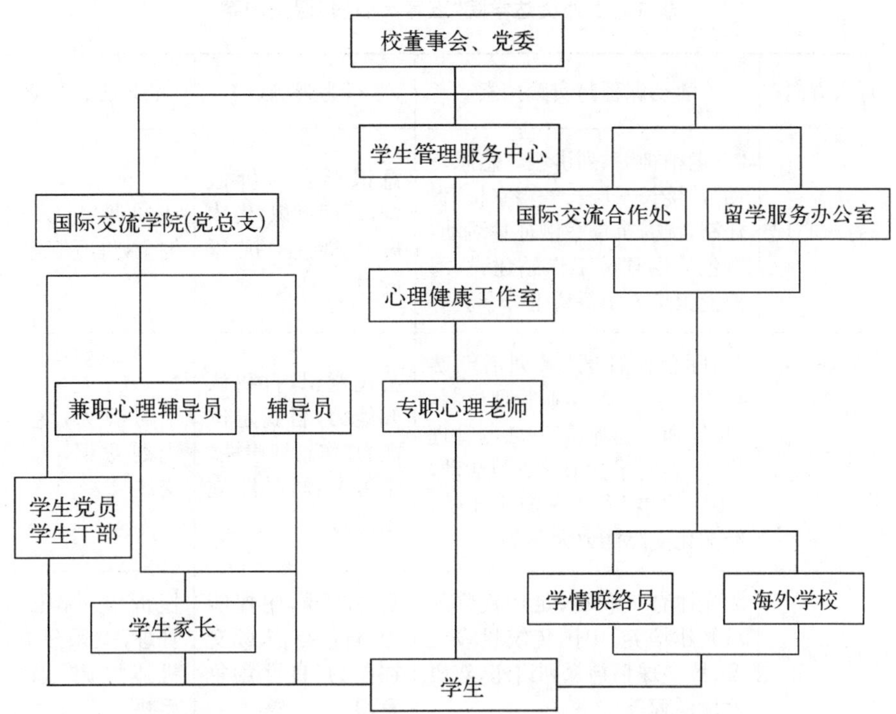

图1　上外贤达学院国际交流项目学生心理健康管理服务与危机干预机制图

级—宿舍/个人”四级预警网络的工作要求，在加强校院两级心理专兼职队伍力量的基础上，结合疫情期间学生反馈的意见和建议，于2020年底设计了一套“社区制”改革下的心理活动课程方案，并获得了“2020年上海民办高校学生工作精品项目”立项。项目于2021年春季学期正式实施开展，期间通过对2021级寝室长开展的心理健康专项实践活动，学院建立起了一支活跃在学生社区的心理健康宣传队伍。

(三) 融“五育”于心理健康活动课程的实践路径

2021年初，上外贤达学院心理健康工作室创立了融“五育”为一体的学生心理健康活动课程与运行管理机制(见表1)，并将其运用实践于2021级寝室长的系列培养培训工作中。课程以学生健康成长为导向，在学校的“大思政”育人体系思想引领下，通过“五育＋心理”的课程设计与实践体验，助力学生全面健康成长。

表1 上外贤达学院“五育＋心理”课程内容

育人方向	活动课程与实践探索	行为观测点	心理工作要素
德育＋心理	“五老精神”系列讲座，“感恩行动”，“楼长—层长—寝室长”责任制，优秀抗疫案例征集活动，特色学生党员工作站建设，海外爱国华人华侨线上分享会等	意识形态与价值观，责任意识，集体融入能力，抗压能力	认知调整，人格健全，价值信念
智育＋心理	“国际公民社区”系列活动赛事，“一生一策”学业管理机制，“班导师＋辅导员”双轨制管理模式，崇明裕安中学支教活动，“中国故事”多语种演讲比赛，跨文化交际能力大赛等	公民意识，自我认知能力，自我定位能力，作息规律性，学习习惯，学业规划能力	学习毅力，生涯规划意识，人际交往
体育＋心理	阳光体育大联赛，足球裁判区域共建培养，中国传统投壶比赛，棒垒球精神系列讲座，双语瑜伽课程等	身体素质，耐挫能力，自信心，人际交往能力，良性竞争意识	挫折应对，压力管理，关系建立，机体协调，思维反映
美育＋心理	“自然风”大师插花课，心理健康海报设计大赛，中国茶艺课堂，曼陀罗心理绘画体验课，“笔墨情韵”中国书画课堂，青春文化艺术节等	情绪价值，精神专注力，观察力	情绪管理，洞察力培养，创造力挖掘
劳育＋心理	第十届花博会志愿者，校园“垃圾分类”志愿者，退伍军人示范岗，校园平安志愿者，宿舍收纳技巧专题课，传统节日食堂“小帮厨”活动等	动手能力，环境适应力，共情能力	逻辑统筹，适应力，韧性，沟通能力，协调意识

四、后疫情时期国际交流项目学生心理健康教育工作模式应用成效

（一）工作案例

T同学，上外贤达国际交流学院学生，在英国参加学分互认项目期间，

因学业压力等因素产生孤独、焦虑、恐惧、抑郁等消极情绪且未得到有效缓解，继而出现情绪失控、行为过激甚至自残轻生的现象。发现异常后，该生国内所在二级学院（国际交流学院）第一时间接到了海外学情联络员的情况汇报，立刻启动应急预案，三线并进开展应对工作：

党口线，由学院总支书记向各级领导、学生工作相关部门报备情况，并与学生父母及时联系，确保家长能及时、完整地掌握学生情况，为他们的后续决定提供依据。

行政线，由学院分管院长向校国际交流合作处、留学服务办公室提出申请，以学校名义与英方高校取得联系，了解学生具体情况与当地相关政策，在取得一手信息的基础上共商最佳解决方案，为下一步工作做有效铺垫。

专业线，由心理健康工作室介入，协助开展在线跨国心理危机干预工作，并由二级学院党总支联系在英就读的 3 名学生党员，加急赶往发病学生所在城市，以 24 小时陪护的方式在医院轮流值守，直至其父母抵达，完成看护转接。据学生党员反馈，当 T 见到同学们后，情绪慢慢趋于稳定。

此后，该生在英国得到全面治疗，配合阶段性心理咨询后重返校园。目前，学生健康状况良好，完成英国学业后回国，已顺利步入社会。

(二) 实践成果

除围绕学校“社区制”改革和后疫情时代的社会发展趋势进行工作模式创新，并荣获“2020 年上海民办高校学生工作精品项目”立项外，学校在 2020 年、2021 年度上海学校心理健康教育活动月中，荣获“优秀特色项目”一等奖两个、二等奖一个的佳绩。此外，学生辅导员撰写的优秀抗“疫”心理主题文章也被“上海学校心理”公众号推送。学校心理健康工作室主任黄凤娟，以专家身份受邀于上海辅导员培训基地，参与了上海市民办高校心理危机干预专题研讨会。

正是依靠这些符合世情、国情、校情的工作，在疫情爆发后的一年半里，学校国际交流学院学生的心理健康工作压力得到缓解。5 届学生接受心理咨询的累计人数从 2018 级的 17 人下降至 2020 级的 3 人；学院的心理危机干预人数全校占比也由 2017 级的 33.33%下降至 2020 级的 11.11%。目前，大部分学生心理健康状况趋于平稳。

表2　上外贤达国际交流学院2016级—2020级学生心理咨询统计表

	2016级	2017级	2018级	2019级	2020级
心理咨询学生数(人)	7	14	17	10	3
危机干预占全校危机干预比值(%)	16.67	33.33	31.25	14.7	11.11

五、后新冠疫情时期国际交流项目中的心理健康教育工作模式实践反思

在上述工作的实践与探索过程中,学校虽取得了一定成果,但不少痛点问题依然存在,这也引起了心理教育工作者们的一系列反思。

(一)培养学生全面发展的教育评价机制有待完善

习近平总书记在全国教育大会上指出,要深化教育体制改革,健全立德树人落实机制,扭转不科学的教育评价导向,坚决克服唯分数、唯升学、唯文凭、为论文、为帽子的顽瘴痼疾,从根本上解决教育评价指挥棒问题(中华人民共和国中央人民政府,2018)。2021年7月24日,中共中央办公厅、国务院办公厅印发《关于进一步减轻义务教育阶段学生作业负担和校外培训负担的意见》,再次表明了坚持"五育并举"的人才培养决心。作为国际交流项目学生数量走在国内民办高校前列的上外贤达学院,以学生二、三、四课堂为主体的综合教育评价系统建设才刚刚起步,设计框架与评价维度的实效性有待验证,配套制度建设、政策资源渠道仍需优化,人员力量、内涵深度均还要加强,相关空间场所与硬件设施也亟待建设。

(二)支撑学生管理工作的信息化系统平台有待建设

信息化建设是推进教育现代化的重要手段,然而,"部分民办高校为完成日常工作需要,购买或者联合开发管理系统,基本实现办公信息化,但是随着时代发展,受前期办学投入经费和办学规模扩张迅速等因素影响,这种缺乏顶层设计的管理系统很难适应日新月异发展,其弊端逐渐显现"(孙赫,2018)。由于经验匮乏、资金短缺、技术壁垒、数据风险、协同效率等原因,使

得广大民办高校的学生工作信息化管理平台还不够完善，依托大数据分析生成学生大学期间全周期画像，并通过行为轨迹观察适时发出预警信号的高级别功能需求还未得到广泛应用和普及。因此，在高校教育进入新时代的征程中，需将可满足事务具象化、功能精细化的系统平台建设纳入高校学生工作信息化建设的顶层设计中，将学生在校期间的"五育"发展与身心健康教育的业务与场景需求纳入其中，建立安全、准确、及时的统一数据交互中心。同时，配置合理的数据维护权限，有计划、有选择地科学运用人工智能与大数据分析结果，服务学生管理块面的专业化工作。

（三）主导学生身心健康的心理课程体系有待健全

《教育部办公厅关于加强学生心理健康管理工作的通知》明确，高校要面向学生开设心理健康公共必修课，对有条件的高校更提出了"可开设更具针对性的心理健康选修课"的要求。《上海市教育委员关于加强上海学校心理健康教育的意见》也将"开齐开足开好心理健康教育课程"作为主要任务之一。然而在部分高校内，心理健康教育课相对其他专业课程，其必要性和重要性还未得到全面重视，"在大学生心理健康教育混合学习的实施过程中，多数民办高校完全舍弃了传统课堂教学，只保留了线上学习一种方式"（陶婉，2019）。有些民办高校虽保留了线下课程，但除课程偏重理论外，"还存在内容多、课时少、大班授课、教学场地限制等问题。多数教师为了完成教学任务，只能进行'一言堂'式的教学，很多体验式的活动无法开展，未能充分激发学生的主动性和积极性，也没能让学生真正形成自我探索意识"（云芸，2019）。这些欠缺吸引力、针对性的传统式、任务式的心理理论课程，较难引起师生的关注与共鸣。因此，学校应发挥相关课程在心理健康教育中的主导作用，凭借其通识必修的课程优势，达到知识结构全体系、教育普及全覆盖的教育效果。在构建课程教育主体的同时，叠加知识宣传、活动实践、网络互动、心理咨询的立体式心理健康教育框架，搭建全员、全过程、全方位的协同育人平台，使学生的健康成长与发展长期浸润在"三全育人"的教育脉络中。

六、结语

上海外国语大学贤达经济人文学院从扩大心理健康教育工作外延入

手，构建起一套融心理健康工作机制与保障体系以及活动课程为一体的"五育"框架，并通过近几年来的探索与实践，日臻完善。从而确保学校国际交流项目学生的人身安全与心理健康，为后疫情时代顺利推进国际交流项目提供部分借鉴。此外，校学生管理服务中心在现有工作模式的基础上，进一步引入有效的教育评价系统、高效的信息化系统和奏效的心理课程体系，使学校的育心育人和管理服务工作覆盖至国内外每一位学生，育其心智助其发展。

（作者单位：徐浩洁，陈娴，上外贤达学院学生管理服务中心。作者邮箱：徐浩洁 0620080@xdsisu. edu. cn；陈娴 1010210@xdsisu. edu. cn）

参考文献

[1] 李明欢. 海外中国留学生接受抗疫大考[J]. 人民论坛，2020(17)：110－113.
[2] 孙赫. 基于大数据应用下民办高校学生管理信息化建设探索[J]. 长江丛刊，2018(33)：170－171.
[3] 陶婉. 民办高校大学生心理健康教育课程教学[J]. 智库时代，2019(42)：160＋162.
[4] 云芸. 民办高校心理健康教育体系的构建[J]. 西部素质教育，2019，5(18)：85－86.
[5]《中国共产党简史》编写组. 中国共产党简史[M]. 北京：人民出版社，2021.
[6] 上海外国语大学贤达经济人文学院. 学校简介[EB/OL]. https：//www. xdsisu. edu. cn/388/list. htm.
[7] 中华人民共和国中央人民政府. 习近平出席全国教育大会并发表重要讲话[EB/OL].（2018－09－10）. http：//www. gov. cn/xinwen/2018-09/10/content_5320835. htm.

第五部分
课程思政

《法国语言与文化》课程思政示范课程建设探析

向维维

摘　要:《法国语言与文化》是上海大学法语专业三年级学生必修的法语精读教材。教材选取与法国文化相关的不同体裁和题材的原版文章,启发学生思考当代法国社会的诸多文化形态。该课程架设中法文化对话的桥梁,从他者文化深刻认识自我文化,培养学生的文化自信和对世界多元文化的认同。作为一门语言与文化交叉的综合素养课,课程语言能力层面,帮助高年级学生掌握法语词汇学、语用学和修辞学等语言学知识,从价值导向层面,引导学生建立起对我国社会主义制度的政治认同、国家意识和公民人格,从人文素养层面,培养学生的全球视野,帮助学生树立正确的世界观和人生观。

关键词: 法国语言与文化;课程思政;法语教学;课程建设

一、课程思政与外语教学

自 2014 年上海市委率先启动《上海高校课程思政教育教学体系建设专项计划》以来,"课程思政"作为主管部门倡导的以"立德树人"为根本任务的教学理念在中国高校已推行了近 8 年时间。2020 年 5 月 28 日,教育部向全国高校发布了《高等学校课程思政建设指导纲要》(简称《纲要》)。《纲要》进一步指出:"要根据不同学科专业的特色和优势,深入研究不同专业的育人目标，深度挖掘提炼专业知识体系中所蕴含的思想价值和精神内涵，科学合理拓展专业课程的广度、深度和温度，从课程所涉专业、行业、国家、国际、文化、历史等角度，增加课程的知识性、人文性，提升引领性、时代性和开放性。”“课程思政”教育理念以此正式向全国普及推广，并逐渐融入各类专业课程之中。

以“课程思政”为契机推动高校外语教学改革，一方面要求教师将外语语言教学与外国文化的传授结合起来；另一方面促使学生将个人成功与国家命运紧密联系起来，以继承和发扬“为中华之崛起(复兴)而读书”的优良传统。外语学习作为沟通中西文化的重要途径，本来就受到中外双重价值观碰撞的影响，因此，将“课程思政”融入外语教学不仅是新形势下外语人才培养的迫切需要，更是顺应时代发展和应对世界新形势的外语教学的必然选择。从人才培养目标上看，外语教学不能再仅限于语言能力的培养，更应该以社会主义核心价值观为导向，培养具有人文情怀和全球视野的跨文化外语人才。从课程设置上看，外语类学分设置不能仅提供听、说、读、写、译等语言训练型课程，还应该加大文学、艺术、历史、哲学、美学类中外文化课程。

当前课程思政的研究论域，主要集中在课程思政本源问题的剖析、课程思政与思政课程关系问题的关注、高校课程思政建设的路径研究、高校多学科课程思政的实践研究以及课程思政评价体系的构建研究等 5 个方面(侯勇，钱锦，2021)。从课程思政在外语教学中的研究来看，方法论和教学实践研究多于理论研究，小语种课程思政的相关研究相对较少。如何从理论和实践层面构建法语专业教学的课程思政范式，将是本文着重思考的问题。

二、面向课程思政的法语教学法探究

中国法语教学法历经 160 年的演变，根据各个时期所体现的教学法特点，可分为 6 个阶段：外语教学“方法意识”的萌芽阶段(17 世纪—18 世纪)，传统教学法时代(19 世纪后半叶)，直接教学法时代(1920—1949)，苏联教学法时代(19 世纪 50 年代)，“折衷主义”思潮影响时期(1960 年至今)，对本国外语教学法“身份特性”的反思、诉求阶段(1990 年至今)(徐艳，

2014)。中华人民共和国成立以来,尤其是改革开放后的新时期中国法语教学界一直在积极探索适宜中国学生的本土教学模式,取得了丰富的成果。例如 20 世纪 80 年代,北京外国语大学、上海外国语大学和南京大学分别或合作,编写出版了两套高校法语专业教材。在此基础上,北京外国语大学和上海外国语大学根据新的法语教学研究成果和专业发展需要,分别编写了两套影响至今的法语教材,一套是马晓宏主编、外语教学与研究出版社 1993 年出版的 4 册《法语》教材;另一套是束景哲主编、上海外语教育出版社 1991 年出版的两册《法语课本》。虽然近年来新的法语教材和教辅用书层出不穷,国外原版法语教材也在不断引进,但大多数高校的法语专业主干课程仍然沿用这两套 1990 年代的教材。外语教学法处在不断的变化与发展之中,在新的时代背景之下,在新的教学技术手段不断涌现的情况下,如何取国外法语教学法之所长,并结合国内法语教学在新时期的实际需要,革新符合中国国情的本土外语教学法成为当务之急。

多伦多大学法语系的谢菲勒·杜农(Dominique Sheffel-Dunand)教授在《法语教学法: 理论与实践》一书中,曾谈到法语教学法同一性问题:“如果对外法语视听课程在某些方面(如美国语言学的影响或布拉格学派结构主义语言学的参考)可以作为一个复合整体出现,我们就仍然能够归纳出某些共同特征,作为同属一个方法论家族的标志。我们是否能用同样的方式判断‘后视听’课程的同质性或是异质性? 我们是否可以相信这些课程的各种名称(‘交际方法’‘功能概念方法’‘交互方法’)谈论的是一个共同的概念?”①(SHEFFEL-DUNAND, 1995)如果说法语教学法是随着语言学理论

① 本文作者自译,原文为:

Si les cours audio-visuels en FLE (francais langue étrangère) peuvent apparaître comme un ensemble composite à certains égards (influence de la linguistique américaine ou référence au structuro-globalisme du Cercle de Prague), on a pu cependant dégager un certain nombre de caractéristiques communes, signe d'appartenance à une même famille méthodologique. Pouvons-nous de la même manière juger de l'homogénéité ou de l'hétérogénéité des cours «post audio-visuels»? Peut-on se fier à la dénomination variée de ces cours: « méthode communicative», «méthode fonctionnelle-notionnelle», «méthode interactive», pour parler de conception commune?

的发展而演变的，那么，当语言学的发展经由结构主义理论过渡到话语分析理论，相应的法语教学实际上也面临着由试听教学法过渡到语言交际教学法的转化问题。无论各种课程名称如何变化，全世界法语教学方法论的指向基本是统一的，即通过交流达成外语习得。与传统的外语试听学习方法相比，外语交际法更加突出学习者的个人表达能力，或是信息输出能力。以中国学生学习法语为例，今后法语教学培养目标的转化无疑是深刻的，即从培养学生深刻理解外国语言和文化的能力逐渐转变为在此基础上培养学生讲好中国故事的跨文化交际能力。

那么针对外语老师而言，应该如何将外语教学融入外国文化教学之中并由知彼更知己、更好地培养中国故事讲述能力呢？巴黎第八大学的语言学教授皮埃尔·马提内(Pierre Martinez)在《外语教学法》一书中，将外国文化与文明的教学分成了三个层面：一是教养文化(la culture cultivée)，包括艺术、文学、历史等知识学科；二是日常文化(la culture quotidienne)，这是一个人类学概念，涵盖了生活方式、服饰、饮食和娱乐等；三是一种可传递的文化(la culture transmissible)，例如思考和行为模式，构建规则与结构等(MARTINEZ，1996)。在他看来，这三种外国文化教学内容分别向老师提出了三个要求，首先是帮助学生打破成见，以建立一种更客观的他国文化形象；其次是培养学生的交际和行动能力(也称作“跨文化能力”)，帮助学生发现他者和异质性，鼓励学生参与不同文化间的对话；最后是锻炼学生的语言和文化表达能力。马提内教授对文化教学的思考对中国的法语教学也能给予不少启发，例如，在法语教学的选材上，课堂教学要兼顾日常文化的通俗性和教养文化的知识性，同时也要关注思想文化层面的启发性。在法国语言与文化课程的培养目标上，不仅要从认识层面打破西方世界长期存在的种族中心主义痼疾，从客观、公正、平等的视角去看待不同文化的差异性，还要从行动层面鼓励学生积极表达与交流，培养学生的中国情怀和人类命运共同体意识。

三、《法国语言与文化》课程思政设计

基于以上认识，我们将以上海大学法语专业《法国语言与文化》课程为

例，说明如何在新时期法语专业教学中深度有机融入课程思政内涵。

本课程选用的是国家级规划教材《法国语言与文化》(外语教学与研究出版社 2005 年版)。虽然该套教材在选题选材上有了将语言教学融入文化教学的意识，但因当时教材出版要求不同，在课文材料编排和综合练习设计上，文化探讨和中法文化对比及反思的因素还不是特别明显。因此，从课程思政教学设计的角度出发，有必要对文化教学关联性不强的单元进行适当删减，并补充相应的中法跨文化交际的素材。以上海大学一个学期 10 周课时的教学安排为例，笔者尝试做出了如下设计。

第一单元的主题是“法国教育体制”，主要学习材料包括课文“Le système scolaire et universitaire français”，阅读材料为“Les débats relatifs à l'enseignement; Brève histoire du LMD”。具体内容包括：法国教育史——从宗教到世俗再到平等教育的发展趋势；法国教育体制；义务教育和高等教育(技术专科大学、普通综合大学、高等专科名牌大学)的学制和特点；法国终身教育和继续教育。课程思政教学要点：引导学生归纳中法教育体系的异同点，思考法国高等教育体系为中国建立世界一流大学带来什么启发，又有哪些理念和做法因为价值观和国情的不同而应予以抛弃，寻求适合国情的中国大学方案。

第二单元主题是“法语简史”，主要学习材料包括课文“A propos de la langue française”，阅读材料为“Le prix du multilinguisme”。具体内容包括：法语发展历史；法国语言政策的演变历史；法国为保护语言纯洁性做出了哪些努力；法语如今的世界地位如何。课程思政教学要点：语言是文化的载体，通过法语发展史的例子，总结法语的国际传播和推广的路径、政策和方法，为汉语的国际化发展能够带来什么样的启发，尤其是思考中国本土化法语教学如何服务于中国特色社会主义现代化建设所需卓越化人才的培养事业。

第三单元主题是“法国人的休闲”，主要学习材料包括课文“Le loisir”，阅读材料为“Le tourisme industriel intéresse de plus en plus les vacanciers”，补充材料有 *Les plaisirs en Chine*①。具体内容包括：休闲活动

---

① TCHENG K-T. Les plaisirs en Chine[M]. Paris: Charpentier, 1890.

的三大功能;休闲与工作的关系;法国人主要的休闲活动。课程思政教学要点:思考当代人的休闲娱乐与传统的休闲娱乐活动相比有什么变化;中西方的休闲娱乐是否相同,原因是什么,如何引导、促进具有中国特色的社会主义休闲产业和旅游业的发展。

第四单元主题是"法国(法兰西第五共和国)精神",主要学习材料包括课文"L'esprit de la Ve République",阅读材料为"Le bicentenaire de l'Institut de France"。具体内容包括:法国政体;总统、议会、政府的权利与职责;法国选举;法国政治体制的特点。课程思政教学要点:了解中国人民代表大会、中国人民政治协商会议制度,进行适当的中法对比,深刻认识中国共产党领导下的多党合作和政治协商制度的优越性。

第五单元主题是"法国时尚",主要学习材料包括课文"La mode en France",阅读材料为"Les coulisses de la haute coutume"。具体内容包括:法国时装业迅速发展的前提和背景;法国高级时装业的诞生和发展;法国时装业与文化传统的结合。课程思政教学要点:通过分析法国时尚业在法国国民经济中的重要性,进一步引导同学们思考法国时尚业成功的原因,对比法国时尚和中国时尚发展轨迹的共同点,并通过法国时尚产业成功的案例,为中国时尚产品的全球化提出自己的方案。

第六单元主题是"法国家庭",主要学习材料包括课文"Mutations de la famille française",阅读材料为"Famille et enfants"。具体内容包括:法国家庭模式的多样化;法国家庭观的历史演变。课程思政教学要点:通过法国家庭喜剧片的例子,分析中法家庭关系及亲子关系的异同,思考中西不同家庭观背后折射出的不同价值伦理观。

第七单元主题是"法国人的形象",主要学习材料包括课文"Comment les Européens voient les Français",阅读材料为"Les cadres français vus par les étrangers",补充材料是 *Les Parisiens peints par un Chinois*①。具体内容包括:欧洲人如何看待法国人;法国人在外国人眼中的形象。课程思政教学要点:通过为法国人画像的形式,让同学们总结中国人眼中的法国人

---

① TCHENG K-T. Les Parisiens peints par un Chinois[M]. Paris: Charpentier, 1891.

形象与其他国家眼中法国人的形象有何共性和区别,鼓励同学们探索这种形象差异化背后的历史文化原因,以及作为中国人、如何建立和维护良好的对外形象。

第八单元主题是“欧盟与欧元”,主要学习材料包括课文“Monnaie unique européenne: rendez-vous en 1999”,阅读材料“L'Union européenne; les institutions de l'Union européenne; l'euro, mode d'emploi”,补充材料《全球治理中的中国与欧盟: 观念、行动与合作领域》(中国社会科学出版社 2016 年版)。具体内容包括: 欧元的诞生背景;欧盟机构设置;欧元在欧洲和世界的地位。课程思政教学要点: 通过推荐课外阅读书目的形式,鼓励学生梳理中国与欧盟的关系史,帮助学生树立外语人才的责任感和使命感,为今后参与到中欧友好关系发展的事业中做好准备。

第九单元主题是“年轻人与失业问题”,主要学习材料包括课文“Chômage des jeunes, à qui la faute?”以及“Les jeunes français”,阅读材料“De plus en plus de jeunes diplômés perçoivent le RMI”以及“Se vendre comme un produit”。具体内容包括: 法国年轻人的生活方式和关注点;法国年轻人的价值排序。课程思政教学要点: 通过“中法年轻人的幸福观”等主题的辩论,一方面培养学生的法语表达能力;另一方面引导学生思考中法年轻人在全球化背景下面临的机遇和挑战,以及中国年轻人如何将个人成长融入集体发展和社会主义建设事业中。

第十单元主题是“老年人与社保问题”,主要学习材料包括课文“Problèmes des personnes âgées”以及“La Sécurité sociale: une véritable révolution sociale”,阅读材料“Les personnes âgées et handicapées”以及“La Sécurité sociale ou la mise en œuvre d'une grande solidarité” “Qu'entend-on par protection sociale?”补充材料是《中国养老》专题片①。具体内容包括: 法国退休老人的生活现状;法国老年人面临哪些问题;“老年革命”;法国社会保险制度是如何诞生的。课程思政教学要点: 结合《中国养老》专题片,引导学生关注老年人问题。在了解法国养老制度的基础上,思考中外模式

① http://news.cctv.com/special/2018lianghui/lm/zgyl/index.shtml

的差异性、互补性和借鉴意义，以及完善中国社会主义特色养老体制的路径和方法。

四、结语

本文从理论、实践和案例等 3 个层面简要探讨了课程思政融入法语专业教学的可行性。从理论层面上讲，课程思政构成中国外语教学理论创新的契机。传统的外语教学注重的是解释和传播外国文化和价值观，中国价值观的导入显得比较缺失。从中国视角和话语体系构建外语教学理论体系，离不开每位教学实践者和外语教学受众者的参与、思考和努力。从实践层面上讲，课程思政融入外语教学除了需要宏观上的理论思想指导，也需要从教学法、教材、课程设计等具体方法论上着手。值得注意的是，课程思政虽然是中国提出的教育理念，但它同样是兼容并包的，可以吸纳国外教学法先进的理论成果，用于中国外语教学之中。从操作案例上讲，课程思政融入外语教学还需要一个发展的过程，一是因为优秀教材的开发需要反复打磨，二是因为教师对中外跨文化知识的积累与积淀也需要一定的时间。总之，课程思政对专业课的引领和导入是具有时代意义的，它是随着中国从经济改革到全面崛起而应运而生的，虽然它目前还处于探索阶段，但是很快就会全面贯穿于国内法语教学和外语教学之中。

（作者单位：向维维，上海大学。电子邮箱：weiweix@shu. edu. cn）

参考文献

[1] 侯勇，钱锦. 课程思政研究的现状、评价与创新[J]. 江苏大学学报(社会科学版)，2021，23(6)：66－76.

[2] 童佩智，等. 法国语言与文化[M]. 北京：外语教学与研究出版社，2005.

[3] 徐艳. 中国法语教学法演变史(1850—2010)[M]. 北京：外语教学与研究出版社，2014.

[4] MARTINEZ P. La didactique des langues étrangères[M]. Paris：PUF，1996.

[5] SHEFFEL-DUNAND D. Approche communicative：d'autres voies à ouvrir[M]//PATERSON J M，COTNAM J. La didactique à l'œuvre：perspectives théoriques et pratiques. Toronto：Canadian Scholars' Press，1995.

浅析“课程思政”背景下大学英语课程教学改革

张晓彤

摘　要：习近平总书记明确指出要将“立德树人”作为培养人才的根本任务，要将价值观的引导寓于知识的传授和能力培养之中。因此，将高校教学与思政元素紧密结合对于高校落实这一根本任务具有重要意义。大学英语课程作为高校各专业学生一门重要的语言基础必修课，兼具人文性和工具性，具有与思政教育结合的隐性优势。本文通过分析大学英语课程建设现状及该课程的思政建设优势，为大学英语课程教学革新提供新思路，促进教学和思政的协作发展，以期促进高校大学英语课程教学的创新发展。

关键词：课程思政；大学英语；教学改革

一、引言

习近平总书记在2016年全国高校思想政治工作会议上强调：“高校思想政治工作关系高校培养什么样的人、如何培养人以及为谁培养人这个根本问题。要坚持把立德树人作为中心环节，把思想政治工作贯穿教育教学全过程，实现全程育人、全方位育人，努力开创我国高等教育事业发展新局面。”（中国共产党新闻网，2016）

大学英语课程是高校学生一门重要的语言基础必修课，其学习跨度长、覆盖内容广，课程内容既训练了学生的专业技能，也涵盖大量的思政元素，与思政教学具有较高的适配性。英语作为一种世界通用语言,承担着传播知识和文化的作用,英语课程教材内容多选材于英美国家报刊、小说、文集等,所以教师在课堂设计时必然会引入相关的西方文化介绍,但课程主要的受众为一二年级学生,他们的价值观体系尚未完全成熟。因此,如果只是片面地输入西方文化,容易导致他们过度推崇西方文化,这势必会造成其政治认同、国家意识和文化自信的缺乏,与大学教育的初衷背道而驰。因此,作为一线英语教师,更应该把握好课堂节奏,将中国文化、社会主义核心价值观与课本内容有机结合,让思政元素"润物细无声"地传输给学生,有效利用课堂来提高学生的思想道德和文化素养,最终完成"立德树人"的教育目标。

二、大学英语"课程思政"现状分析

(一) 教学、思政"两张皮"

"课程思政"是近几年兴起的术语,是"立德树人"与"教书育人"的有机结合。但在很长时期内,一部分高校在英语教学设定上仍以传授英语学科知识和锻炼学生的英语学生技能为主,对于"课程思政"的教育理念在大学英语中的融合较为忽视(王萌,2021)。

大学英语作为本科阶段的基础课程,与其他课程相比在课时及内容方面都有较为独特的要求。随着思政改革逐渐贯穿高校课程体系,这种新旧结合的趋势给不少英语教师带了困惑:英语课程该如何开展思政教育呢?由于英语教师综合知识素养的差异性以及个体对于思政教育理念的理解各不相同,导致有的教师在实践教学中的思政教育容易浮于表面,仅将显性的思政元素传达给学生,难以获得学生的认同感;而且容易将思政元素与课程内容生搬硬套在一起,导致教学内容主次不分,既无法完成原有的学习英语语言知识、培养语言技能的目标,也无法有效地传递正确的价值观和人生观,甚至使教学内容枯燥乏味,从而引起学生的抵触心理,这是高校英语教师在贯彻落实"立德树人"理念时应该多加关注并努力避免的。正如文秋芳教授所言:"外语课程思政的方法是要将育人有机融合于教学活动中,不能将思政教育和外语教学看作'两张皮',把思政教育弄成'盖浇饭',人为地、生硬地强加在外语教学内容上。"(文秋芳,2021)

(二) 过度强调英语课程思政自身的功能性

随着高校英语教师对于习近平新时代中国特色社会主义思想的深入理解和研究,教师们越来越重视以现行的大学英语教学指南为依托,将思政元素与教学特色相互融合,不断革新自己的教学理念及教学手段。这是相较过去十分值得肯定的进步。但在创新和精进大学英语课程的同时,我们也要避免陷入自我内循环、自我封闭的误区,只从外语课程本身考虑问题。外语课程思政的建设必须协同其他课程,才能帮助学生树立正确和完整的价值观。换句话说,我们既不能忽视外语课程的育人功能,也不能过分夸大其自身的功能性。它只是学生在校接受教育的一门课程,我们不可能单靠这一门课程来完成立德树人的全部任务。(文秋芳,2021)另外,有个别英语教师一定程度上混淆了课程思政与思政课的区别,忽视了课程的学科性和英语课程对于语言知识、文化知识的传授和语言技能的培养。还有教师仅关注宏观层面的思政元素,缺乏对于学生思想动态的关注,无法在教学过程中切实将思政教育与语言教学有效结合。

因此,作为高校英语教师,我们应该注意避免以上三种误区,潜心研究、适当地挖掘英语课程中应有的思政元素,深入剖析和找到思政内容与英语语言文化的契合点,采用潜移默化的教育教学方法,这样不仅能增加课堂的趣味性,让学生更有参与感,还有助于学生对于课程思政这个新兴的教学模式的理解和接受。

(三) 课本选材问题

由于课程思政为近几年新生的术语,而现行英语课程教材中的教学重点也以英语国家文化为主,教材中涉及的显性的中国文化元素相对较少。若教师无法深入挖掘教材中的思政元素,将不利于开展思政教学。以外语教学与研究出版社的《新标准大学英语综合教程》(第二版)为例,全套教材共 4 册,120 篇文章,仅有 2 篇涉及中国文化元素;同为该出版社的《新视野大学英语读写教程》(第三版),共 4 册,80 篇文章,也仅有 2 篇文章涉及中国元素,上海外语教育出版社的《全新版大学英语综合教程》,共 4 册,64 篇文章,只有一个单元涉及中国元素,仅占全部课文的 1.6%(沈霞,2021)。

教材是思政教育的素材来源,就现状而言,学生能直观、直接从课本中获取的中国特色思想元素的机会相对较少。这说明在过去一定时期内,实事求是地讲,"输出中国优秀传统文化、培养大学生的文化自信"尚未成为教材编写者的主流指导思想,大学英语课程思政功能在当时尚未获得广泛共识(安秀梅,2018)。基于现状短期来看,不同于教材编写者的角度,作为一线教师,我们绝不能机械地按照教材来进行讲解,需要自己深度挖掘,将语言教育和思政教育有机结合,培养学生的跨文化意识,弘扬我国的优秀文化和思想,这无疑对教师提出了更高的要求。长期来讲,随着课程思政建设意识的不断增强,高校对于英语思政教学要求越来越高,我们更应该加强教材研究,促进英语课程教材与思政教学科学的、有针对性的、生动的有机结合,构建更符合当代与思政教育相结合的大学英语教学设计的教材体系,推动大学英语课程建设。

三、大学英语课程思政建设的切入点

大学英语课程具有学生群体基数大,教学周期长,覆盖面广的特点。除了语言内容,大学英语课程还涉及西方发达国家的社会文化背景,涵盖社会体制、国家形态、思想观念、文化习俗、宗教礼仪等多方面内容,在实际教学中,教师可以不断地将中华民族优秀文化和西方的意识形态以及价值观进行比对,借助于这些优势,丰富自己的教学实践。

(一)紧跟时代步伐,引入热点话题

将思政融入教学,其意义很大一部分在于帮助学生了解党和国家的政策方针,关注国家发展动态,国内外局势变化,紧跟时事新闻热点。而英语新闻对于英语学习者来说是一个非常好的学习语料。英语新闻话题涉及广泛,从政治经济、科技发展到生活日常、时事资讯等,兼具时效性和多样性特点。因此,在日常的教学事件中,教师可以巧用 China Daily、VOA、BBC 等英语新闻与教材内容相结合,让学生既能了解时事,又能学习到热点英文表达。同时,因为选材紧贴学生生活实际,兼具实用性特点,更能激发学生的学习兴趣,引导学生积极参与,产生共鸣。但在教学中应注意对外媒报道进行批判性选择和点评。

以《全新版大学英语(第2版)综合教程1》Unit 1 Growing up 为例,本课的一个思政点为坚持自我,追求梦想。这就可以和2021年东京奥运会的时事热点相结合,引导学生就追逐梦想的展开话题讨论。2021年7月23日—8月8日,来自206个代表团的11 309名运动员,在这场世界体坛殿堂级的盛会中,情同与共、奋力拼搏,酣畅淋漓地创下一个个新的历史。而中国军团也在本次奥运会上不断突破,挑战自我,书写出力与美、速度与激情的璀璨篇章(体育评说,2021)。通过小组讨论与交流,学生将更能理解坚持自我,懂得追逐梦想的过程是艰难的,却是值得去努力和付出的,对梦想的坚持十分重要。再以《全新版大学英语(第二版)综合教程2》Unit 5 Overcoming Obstacle 为例,本课的主题是挫折。挫折教育是当代大学教育不容忽视的一个重要内容,而当下的新冠肺炎疫情正是全人类共同面对的一个重大挫折。古语有云“多难兴邦”,自古以来,不论是个人还是国家,如果想不断发展、不断进步,就要有克服困难的信心和勇气。在教师的引导下,学生可以在学习的过程中不断反思,面对后疫情时代的困境,人类如何协同合作,合力应对巨大挑战;进而反观个人,思考在逆境中如何自处,积极应对。

时事热点无疑为扩充大学英语课程思政教学提供了大量的鲜活资料。作为一线教师,巧妙地引用原汁原味的英语新闻素材,不仅可以丰富课程的思政教学环节,还有助于引导学生正确认识社会现象,形成积极的人生观、价值观,有利于让学生更好地理解中国文化,提升民族自豪感,树立文化自信(沈轶,2019)。

(二) 巧用教学成果,激发学习热情

针对中国大学英语学习情况的调查问卷研究发现,当前高校学生在大学英语的学习中,秉持着功利态度来学习的现象较为严重(王萌,2021)。在笔者看来,学生的功利性对于课程建设和教学设计既有优势又有劣势。如果教师能够合理地利用学生这一心理设计课堂教学,也能激发学生的学习热情。

以大学英语四六级考试为例,据调研了解,在2013年以前,考试的内容一直以考查学生的听、说、读、写、译五种语言能力为主要内容,较少涉及中

国文化知识，大部分学生也将英语语言能力的提高作为英语学习的主要目标，因此，大学英语教学过程中出现了中国文化失语的现象（肖芳芳，2019）。随着“一带一路”的建设，讲好中国故事、传播中国声音的需要愈益强烈。在此背景下，自2013年12月起，全国大学英语四、六级考试的试卷结构和测试题型发生了质的变化。其中“翻译”项目受“讲好中国故事”的影响最大，新的题型涉及社会、生活、文化等多个方面，不再单独考察语言能力，而兼顾了对文化自信的诠释，并进一步要求学生能用英文阐释中国文化和中国元素。基于以上背景，再结合如今课程思政的趋势，教师更应该抓住学生“学习要有用”的“功利”心态，结合各种音视频素材、真题材料等，在主讲、作业、小组练习、话题讨论等环节补充相关的文化背景知识和英文表达，有意识地向学生输入中国文化相关知识点，以期加深学生对于相关话题的理解和解说能力。这样输入和输出相结合，能起到事半功倍的效果，对学生今后在广泛的领域应用上述基于文化自信的跨文化沟通能力起到促进作用，并在正向度上影响其职业规划和职业发展。

学生学好英语就掌握了一门新的世界通用语言，可以更好地聆听世界的声音，培养明辨是非的能力，而英语课程思政则能帮助他们提高思想政治觉悟，同时准确地表达和传递民族文化，激发学生的爱国热情。当然，这对于教师本身的思想素质和思政素养也提出了更高的要求，作为一线教师，在培养学生文化自信的同时，我们也要从自身做起，加强自己对于中国元素的学习与认知，才能实现在母语文化与目标语文化间的游刃有余，更好地完成与课程思政融为一体的英语专业课程讲授任务。

四、结语

大学英语课程作为一门基础英语课程，既承担着培养语言能力和技能的任务，也承担着传播中国特色社会主义核心价值观的使命。课程思政与大学英语课程的教学内容相结合是必然趋势。作为大学英语教师，我们应该提升自身的思想政治水平，深入挖掘课程的思政元素，革新教学方式，促进高校大学英语课程教学的创新发展。以语言知识和技能为抓手，让思政元素和知识与技能融为一体，培养学生优秀的文化输出能力和跨文化沟通能力，切实落实“立德树人”和“三全育人”的教育方针。

（作者单位：张晓彤，上海外国语大学贤达经济人文学院。电子邮箱：1911090@xdsisu. edu. cn）

参考文献

[1] 安秀梅.《大学英语》“课程思政”功能研究[J]. 文化创新比较研究，2018，2(11)：84－85.

[2] 沈铁. 课程思政融入高校《大学英语》课程有效途径探究[J]. 文化创新比较研究，2019，3(4)：121－122.

[3] 沈霞. 大学英语课程思政教学设计探究与实践[J]. 科教文汇(上旬刊)，2021(5)：178－180.

[4] 王萌. 大学英语“课程思政”教学的探究与实践[J]. 现代职业教育，2021(36)：126－127.

[5] 文秋芳. 大学外语课程思政的内涵和实施框架[J]. 中国外语，2021，18(2)：47－52.

[6] 肖芳芳. 文化自信与文学素养培养在英语教学中的价值研究[J]. 文学教育(下)，2019(5)：48－50.

[7] 中国共产党新闻网. 习近平在全国高校思想政治工作会议上强调：把思想政治工作贯穿教育教学全过程　开创我国高等教育事业发展新局面[EB/OL]. (2016－12－09). http：//dangjian. people. com. cn/n1/2016/1209/c117092-28936962. html.

[8] 体育评说. 拼搏不止　突破历史，盘点东京奥运会上中国军团的燃情夺金时刻！[EB/OL]. (2021－09－18). https：//www. sohu. com/a/490613215_120945840.

第六部分
相关学科研究

浅析我国旅游突发事件应急管理机制

刘宝芬

摘　要：旅游产业的迅速发展既是经济结构调整的助力，也是人民生活水平提高的写照。随着旅游业的蓬勃发展，与之相伴随的是旅游突发事件的发生。在全球新冠肺炎疫情的大背景下，旅游业更是首当其冲。本文在梳理旅游突发事件的基础上探讨了我国政府应对旅游突发事件的应急管理机制，并总结了现阶段我国旅游突发事件应急管理机制在新媒体管理、全员参与及社会动员机制、跨部门、跨区域联动等方面的不足，并提出构建社会参与型多元化旅游突发事件应急机制的重要性与迫切性。

关键词：旅游突发事件；应急管理机制；社会参与

一、引言

中国是一个旅游资源大国，进入21世纪以来，旅游业进入快速发展期，逐渐成为战略性支柱产业，为实现由旅游资源大国向世界旅游强国的宏伟目标快速前进。

虽然旅游业的迅速发展推动了我国经济结构的调整，促进了国民经济的发展，但是与之相伴随的是旅游突发事件的频现。由于我国对应急管理的研究起步较晚，应急机制并不完善，旅游突发事件应急能力有所欠缺。作为高度敏感性的产业，安全性对于旅游业来说至关重要。全球爆发新冠肺炎疫情至今，旅游产业所受到的冲击都是巨大的，对于旅游者而言，旅行中途遭遇旅游突发事件，例如突发公共卫生事件、自然灾害、公共安全事件等，更是需要理智应对的事件。

二、概念界定及理论基础

（一）旅游突发事件

"旅游突发事件"是"突发事件"的一个分支，根据 2008 年国家旅游局《旅游突发公共事件应急预案》，旅游突发事件是"国家及各地方处置旅游者因自然灾害、事故灾难、突发公共卫生事件和突发社会安全事件而发生的重大游客伤亡事件"。国内学术界认为广义的旅游突发事件涉事主体既包括游客，也包括旅游从业人员等旅游主体和旅游企业、旅游资源等载体（谢朝武，2013）。

基于此，本文结合突发事件的定义，并参考学术界的定义范围，将旅游突发事件界定为是在旅游过程中发生的，具有突发性、不确定性、复杂性、破坏性等特征的突发性事件，这一突发性事件会对旅游者、旅游从业人员、旅游目的地居民的生命、财产带来严重的安全威胁，且可能造成重大人员伤亡、波及整个旅游行业，对某一地域的旅游经济造成负面影响。

由于旅游突发事件具有高度的敏感性，除了具有突发事件的一般性特征外，如突发性、紧迫性、严重的公共危害性、扩散性和连带性等，还具有自身的特点，如不确定性强、破坏面广、兼具集中性与分散性等。

（二）旅游突发事件应急机制

突发事件应急机制是突发事件应急管理系统的一部分，我国应急管理体系建设的基本框架可以概括为"一案三制"，即应急预案、应急体制、应急法制、应急机制。

我国《突发事件应对法》出台后，学术界开始将预防与准备、监测与预警、处置与救援、恢复与重建等 4 个核心机制作为旅游应急管理的主体机制内容。这既是旅游应急管理实践的核心机制内容，也是旅游应急管理研究的核心理论内容（谢朝武，2013）。应急管理机制可以界定为：突发事件预防与应急准备，监测与预警，应急处置与救援以及善后恢复与重建等全过程中各种制度化、程序化的应急管理方法与措施(钟开斌,2009)。

综上所述,旅游突发事件应急机制包括在旅游突发事件发生前的预防、发生后的救助、恢复等一系列、具有社会联动效应的制度化政策、措施与安排。本文认为,旅游突发事件应急机制还应包括评价机制,因为事后评价对应急处理机制的完善具有很好的推动作用。

三、我国旅游突发事件应对机制

2003 年的非典(SARS)疫情给我国的应急管理提出了严峻的挑战,政府在应对这一突发性公共卫生事件时深刻地体会到应急管理能力的欠缺,亟须提升国家的应急管理能力。自此,我国应急管理研究如火如荼地开展起来。

我国突发事件应急管理体系的形成可以追溯至 2003 年 10 月,中国共产党第十六届三中全会提出“建立健全各种预警和应急机制,提高政府应对突发事件和风险的能力”的战略决策。2004 年 9 月,中国共产党第十六届四中全会进一步提出“建立健全社会预警体系,形成统一指挥、功能齐全、反应灵敏、运转高效的应急机制,提高保障公共安全和处置突发事件的能力”。随后又相继出台《国家突发公共事件总体应急预案》《国务院关于实施国家突发公共事件总体应急预案的决定》《中华人民共和国突发事件应对法》等法律法规。党中央的顶层设计为我国突发事件应急管理体系的建设指明了方向,使我国应急管理能力建设成果显著,形成了具有中国特色的“一案三制”体系,在应急处置中充分发挥了应急管理的作用,凸显了我国的应急管理能力,并在实践中朝着综合性、系统性的方向迈进。

旅游突发事件是应急管理中的一个分支,依托于突发事件应急管理系统,以突发事件应急管理能力为后盾,形成旅游突发事件应急管理体系。因此,我国旅游突发事件应急管理机制是应急管理体系的一部分,与应急预案、应急体制、应急法制相辅相成、不可分割,共同构成旅游突发事件应急管理能力的基础。

(一) 我国旅游突发事件应急机制的内容

科学高效的应急管理机制是有效应对旅游突发事件的前提,是有效保障游客生命财产安全的基础，是凸显国家应急管理能力的缩影。

旅游应急管理机制具有结构性特点，是国家应急管理能力的结构化反映，也是国家应急管理工作的制度化概括。根据我国现阶段形成的旅游应急管理机制，可以将旅游应急管理机制分为主体机制和辅助机制。

1. 主体机制

主体机制包括预防和准备机制、监测与预警机制、处置与救援机制、恢复与重建机制四大机制，是应对旅游突发事件过程中的基本机制（谢朝武，2013）。旅游突发事件的应急处置工作可以分为事前、事发、事中和事后三个阶段，这四项机制根据突发事件的时间跨度贯穿整个突发事件从酝酿到解决的全过程。预防和准备机制是在旅游突发事件发生前进行运行的，重在收集和整合信息，并把突发事件的源头"扼杀"在摇篮里。监测和预警机制在突发事件爆发时发挥作用，使应急管理部门在最短的时间内采取有效的处置措施。处置与救援机制则是在突发事件爆发以后运行，应急管理部门集中人力、物力和财力进行突发事件的处置工作，包括对遭受突发事件和波及的游客予以救助。恢复与重建机制在救援工作结束以后启动，针对游客的身心治疗或安抚、旅游目的地基础设施的重建、旅游企业的帮扶等采取一系列的支持性措施。此外，笔者认为旅游突发事件的应急机制还应包括社会评价机制，在突发事件处理完毕以后，对应急过程进行评价能够有效推动应急机制的完善，寻找不足，弥补差距，有利于促进我国提升应对旅游突发事件的能力。

2. 辅助机制

旅游突发事件的辅助机制是主体机制有效发挥作用的前提和基础，包括社会动员机制、应急保障机制、部门协作机制（谢朝武，2013）。社会动员机制旨在旅游应急管理过程中最大程度上调用社会资源并进行组织和调配。应急保障机制是应急资源的组织、储备与配置，是应急处置工作的后勤保障。部门协作机制是应急机制有效运行的基础，需要相关部门之间在信息畅通的前提下互相协调、联络、联合应急，形成部门联动效应。

（二）我国旅游突发事件应急机制的运行

无论是主体机制还是辅助机制，应急机制的有效运行离不开突发事件管理主体的协调与配合，以及主管机构的有力指导。2005 年 7 月，国家旅游局颁布《旅游突发公共事件应急预案》，就如何设立旅游突发事件应急管理的机构做了明文规定："国家旅游突发事件应急处理机构由应急协调小组构成，国家旅游局设立旅游突发事件应急协调小组，组长为国家旅游局局长；市级以上旅游行政管理部门设立应急领导小组，并下设办公室具体负责本地区旅游突发事件的应急指挥和相关是协调处理工作。"（见图 1）

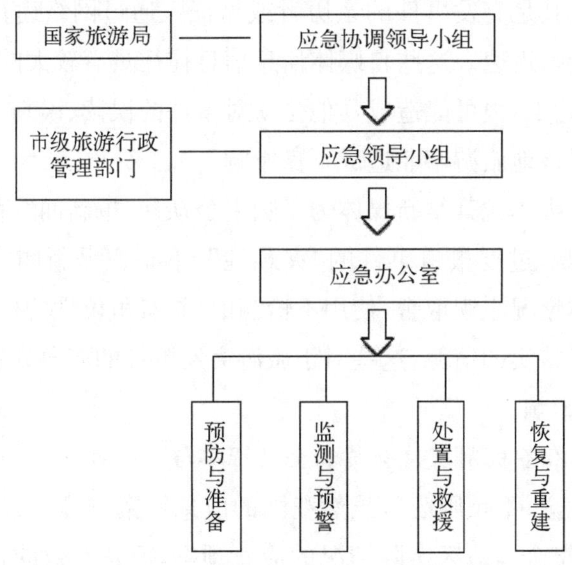

图 1　我国旅游突发事件应急机制运行示意图

因此，旅游突发事件发生以后，应急处理工作由应急管理办公室进行应急指挥和协调，而该办公室并不是一个常态机构，其领导者是非常设性的应急领导小组，很容易造成权责不明，互相推诿，错过最佳应急时间。

（三）我国旅游突发事件应急机制的不足

虽然自 2003 年非典（SARS）疫情发生以后，政府加大了突发事件应急体系的建设，并取得了长足进步，在旅游突发事件应急管理方面收获了丰富的经验，形成了具有中国特色的应急管理机制。但是就现阶段我国旅游突发事件应急机制而言，仍然存在一些不足之处。

1. 新媒体和自媒体有待加强管理

有效的信息沟通机制是旅游突发事件应急管理的前提和基础，准确、有效的信息才能有力地启动应急处置机制，并且把握好黄金救援时间。虽然我国在突发事件应急管理主体即政府层面已形成行之有效的信息披露机制，各级政府普遍能够在事件发生后以最快的速度及时召开信息发布会，以保证信息的权威性和可靠性，满足公众迅速知晓突发事件具体情形的基本要求，稳定群众情绪，但是我们必须认识到，新媒体和自媒体近年来随着网络技术的发展日益发达，吸引了大量过去依靠传统媒体和正式途径获得信息的阅读者，尤其是突发事件的亲历者或见证人通过网络途径发布相关消息变得非常便捷、迅速。这些自媒体信息信息往往具有较大的主观性，不能客观评断事件始末，很可能造成其他公众对事件的误读、误判甚至对旅游目的地的畏怯，对该地旅游产业造成不良影响。

此外，个别媒体尤其是新媒体为了吸引公众和"抢新闻"，在报道突发事件时缺乏大局观，过度报道事件的"灾难性"，不是遵循新闻完整报道的原则，而是对具体情况主观取舍，使用不恰当的、具有争议性的标题，甚至捕风捉影、采用未经核实的信源，这些对于旅游突发事件的应急处置和救援工作都会造成负面影响。

2. 预警与准备机制有待全员和全过程参与

"凡事预则立，不预则废"，虽然我国的应急预案制度已经很成熟，各级政府都制定了符合本地区实际情况的应急预案，但是有效的预警机制不仅依靠政府，还需要旅游企业、相关协会、媒体、游客自身的参与和配合。首先，旅游企业和旅游协会在制定或推荐旅游路线、接待游客时，应该充分考虑潜在的危险因素，做好科学的风险评估及充足的应急准备，尤其是对妇女、儿童、老人、残疾者等特殊群体人士应予以特殊照顾。其次，很多游客缺乏危机意识，所受的安全教育不足，在旅游途中，不能时刻警惕不安全因素和危险地段，或者难以对个人参与旅游项目、尤其是群体性活动的风险性进行及时的自我评估。另外，媒体在信息分享、公共安全教育等方面也还有很多文章可做。

3. 社会动员机制有待进一步做实做细

作为处理旅游突发事件的应急机制，有效性是根本原则之一，那么就必须在短时间内动员全社会的人力、物力、财力，保障应急资源的充足，才能有效应对旅游突发事件。因此和预警机制一样,社会全员参与才是解决有效性的保障,单纯依靠政府一方是难以保障所需应急资源在短时间内全部汇聚到位的。旅游协会、旅游企业、公民个人等各方都应该成为旅游突发事件应急管理主动和重要的参与者。目前,各级政府已经意识到社会动员的重要性,在突发事件发生以后,普遍动员各类社会组织和志愿者个人参与救援,很多组织和个人也积极响应政府号召或自发参与救援工作,起到很好的成效。但上述动员的一些具体环节和协调工作水平尚显粗浅,还有很多十分细致的工作有待完善,例如我们经常在新闻中获悉,某地某事件发生后短时间内各方力量和资源大量涌入,造成救援通道拥堵不畅。因此,我们要致力于继续打造一个良好的社会动员机制,使之成为应对旅游突发事件的常态机制,成为应急主体机制的后盾,成为在救灾救难方面整个社会的行动准则。

4. 跨部门、跨区域联动尚不充分

旅游突发事件的应急管理涉及多部门、多区域的合作,与上述社会全员动员工作紧密相关的是,现阶段我国的应急处理机制在跨部门、跨区域联动方面虽然已经获得巨大成果,基本消除了过去曾一度存在的"条块分割"、消息不畅、责任不明确、救援不及时等问题,但其中仍然有些环节和细节需要打磨和完善。一个国家的中央政府与地方政府以及地方各级政府之间存在着纵横交错的网络关系(陈振明,2003)。换言之,"府际结构呈现相对顺从的纵向关系和相对分割的横向关系的特点,这一特点下我国应急管理的纵向协调联动较为顺畅,但跨区域以及跨部门的横向联动发展不充分"(刘红芹,2011)。因此,在遭遇突发事件时,尤其是在一些地方性事件量级不需要中央政府强力参与组织协调的情况,若涉及多个部门和多个行政区域,在目前取得的成果基础上,如何加强协调,提高处置、救援的效度,形成常态化的跨部门和跨区域合作新机制,是一个迫切需要深入研讨的话题。

四、结语

社会参与型应急处理机制的参与元素是多元化的,多元化的参与主体在机制运行中承担不同的角色,不仅仅是政府之间、政府各部门之间的合作,还包括政府与社会组织、企业、公众和媒体的合作。

旅游突发事件应急机制的运行包括纵向运行和横向运行两个方面。纵向运行指的是从中央到地方的层级分明的应急组织,横向运行不仅是政府部门之间、各行政区域政府之间的内部联动,同样重要的是社会参与主体之间的互动。在常态化的社会参与型的旅游突发事件应急机制下,如能进一步解决本文观察和陈述的一些问题,我国旅游突发事件应急管理的能力将会有一个质的提升。

在更大的广度上,我们不仅要研究如何改革和完善国内旅游应急管理机制,还应追踪研究国外相关机制,并汲取其中优点为我所用。这对目前正致力于推进教育国际化的高等院校来说亦十分重要。以上海外国语大学贤达经济人文学院为例,该校每年出国交流学习的学生比例逐年增加。根据《上海外国语大学贤达经济人文学院毕业生就业质量年度报告》,该校 2018 届毕业生中有 171 人出国留学,占比 10.50%;2019 届毕业生中有 391 人出国留学,占比 26.54%;2020 年,新冠肺炎疫情较为严重地影响到毕业生出国留学深造,延迟部分毕业生出国留学计划,当年毕业生中有 340 人出国留学,占毕业人数的 19.06%,其中国际交流学院出国留学人数有 204 人,占全校出国留学人数 60.00%。

"读万卷书,行万里路",在学生管理过程中,教育工作者要在自身研究和知识储备的基础上,提醒、帮助他们在外出旅游时提前了解应急知识,培养自我救护和救护他人的基本技能,关注、关心我国应急管理机制的现况和发展,积极建言献策。对于出国的学生,我们则需要指导他们在国外学习之余参加旅游活动前,提前熟悉当地的应急管理系统和运行情况,懂得积极、有效地与有关部门和祖国的使领馆联系,学会自我防护,以便当面对突发事件时能从容应对;同时,为了更好地融入当地生活,在学有余力、条件合适时可以适当参与当地社区公共治理,学习国外社会参与型应急管理机制的运行模式,这对于个人全方位成长以及回国后能更好地服务祖国和社会都十分有益。

(作者单位:刘宝芬,上海外国语大学贤达经济人文学院。电子邮箱:2121044@xdsisu.edu.cn)

参考文献

[1] 刘红芹,沙勇忠,刘强.应急管理协调联动机制构建：三种视角的分析[J].情报杂志,2011,30(4)：18-23.
[2] 谢朝武.旅游应急管理[M].北京：中国旅游出版社,2013.
[3] 钟开斌."一案三制"：中国应急管理体系建设的基本框架[J].南京社会科学,2009(11)：77-83.
[4] 陈振明.公共管理学[M].北京：中国人民大学出版社,2003.

法语简史与词汇的演变

王文新

摘　要：语言的发展是一个持续而缓慢的历史过程。根据学界普遍认可的语言谱系分类，法语属于印欧语系罗曼语族西罗曼分支。从罗曼语到现代法语，法语经历的并非孤立的一元化发展，而是根据自身的需要、随着法兰西民族与其他民族的交流并在一些历史事件的影响下不断吸收大量的外来因素，与世界上其他一些语言有着千丝万缕的联系。笔者基于30余年的法语语言学与法语教学研究基础，参考重大历史事件并综合相关的几种主要研究，在此文中对法语发展历史进行了一个简明、清晰且有助于词汇教学的总结和概括。

关键词：法语历史；法语词汇学；法语教学

一、引言

按照一般的划分，语言研究可以分为历时研究（études diachroniques）和共时研究（études synchroniques）。对我们现在从事的语言教学来说，显然主要应求助于共时研究即对语言现况的研究成果。但语言的现况是历史发展的产物并与其历史息息相关，而且语言仍继续随着相关国家和社会的发展而发展；不了解历史就无法深刻理解现状，也难以解释新产生的语言现象。

以下简述法语发展尤其是词汇演变的主要历史阶段。所涉主要专有名词和术语均附有法语表述，以利于师生直接用语教学或学习。

二、史前时期（公元前 8 世纪之前）[①]

在法国这片土地上，人类的生存可以追溯到公元前约 100 万年，并在以后的发展过程留下了比较丰富的遗迹，如多尔多涅省（la Dordogne）的拉斯科岩洞壁画（les fresques de Lascaux）、莫尔比昂省（le Morbihan）的卡尔纳克巨石阵（les alignements de menhirs à Carnac）等。公元前约 3000 年，当世界有的地区已经开始有文字记载的历史时，法国这片土地仍旧处于史前时期（époque préhistorique）（Mathiex J.，1996）。

根据现有的考古和古文字研究，我们有理由相信，"所有古代文化的书面语言都是从象形文字和会意文字开始的。"[②]（唐尧，2005）比如中国的甲骨文（les *jiaguwen*：caractères gravés sur carapace de tortue，os d'animaux ou bronze）、古埃及的象形文字（les hiéroglyphes）和美索不达尼亚平原的楔形文字（l'écriture cunéiforme）。然而，尽管生活在现今法国土地上的史前人在拉斯科留下了精美的壁画，却似乎没有留下任何文字遗迹，至少根据现有文献来看是如此。这看起来似乎有些奇怪。

三、高卢时期：高卢语（公元前 8 世纪—公元前 1 世纪）

法国最早的文字遗迹可追溯至公元前约 2 世纪，是高卢人（les Gaulois）在石碑以及金属、木制或陶制器物上刻下的，对此进行的研究属于"题铭学"（l'épigraphie）。这些文字已经是拼音文字，使用希腊语（le grec）、伊特鲁里亚语（l'étrusque）[③]或拉丁语（le latin）字母。

高卢（la Gaule）是古罗马人（les Romains）对被凯尔特人（les Celtes）占领、大约相当于今天法国土地的地区的总称。凯尔特人起源不详，能够确定的是他们从公元前约 13 世纪至 4 世纪逐渐占领中欧以及如今的法国、西班

① 法国史前时期一般被认为延续至公元前 1 世纪古罗马人征服高卢。

② "象形文字"和"会意文字"在法语中分别为 pictogramme（*n. m.*）和 idéogramme（*n. m.*）。

③ 伊特鲁里亚（l'Etrurie）是意大利古地区名，相当于今天的托斯卡纳地区（Toscane）。

牙和意大利北部地区。高卢人使用的语言即高卢语(le gaulois),是凯尔特语族(les langues celtiques)历史上分布最广、最重要的一支。法国方言布列塔尼语(le breton)也属于凯尔特语。凯尔特语和我们下面将提及的拉丁语一样,属于印欧语系(famille indo-européenne)。

高卢语对现代法语的影响有限,只留下了少量单词、一些地名以及个别表达方式(例如二十进制计数法、c'est ... qui ... 等)(Lambert P.-Y., 2003)。研究法语历史的学者根据不同的研究标准和援引的文献,各自确定了不同数量的源自高卢语的法语词汇。例如 Pierre-Yves Lambert 确认了 140 个单词;Jacqueline Picoche 在其 *Dictionnaire étymologique du français* 中也确认一批源自高卢语和凯尔特语的单词,属于古代农业生活最基本的词汇,比如 mouton(*n. m.* 绵羊)、bouc(*n. m.* 公山羊)、balai(*n. m.* 扫帚)、chemin(*n. m.* 道路)、chêne(*n. m.* 橡树)、arpent(*n. m.* 土地面积单位)、bec(*n. m.* 鸟嘴)、charrue(*n. f.* 犁)等①。Lambert 列举的地名例子有(均源自高卢部落名):Paris(Parisii:巴黎)、Arras(Atrebates:阿萨斯)、Reims(Remi:兰斯)、Périgueux(Petrucorii:佩里格)等。

四、高卢-罗马时期:罗曼语的形成(公元前 1 世纪—公元 5 世纪)

公元前 1 世纪中叶,罗马帝国皇帝凯撒(César)征服了高卢,开始了长达四个世纪的高卢-罗马时期(époque gallo-romaine),罗马文化和拉丁语逐步取得统治地位,即史称的罗马化和拉丁语化(romanisation)。但高卢语在民间仍然延存下来,至公元 5 世纪初才消亡。在这个时期,基督教诞生②,逐步传播并最终“征服”罗马帝国。公元 313 年,罗马皇帝君士坦丁(Constantin)颁布米兰诏谕(Edit de Milan),正式归信教会。初期教会的文献大多是用希腊文写的,在君士坦丁归信基督教之后,基督教成为受罗马帝国保护的宗教,教会文献大多以拉丁文为主。公元 395 年,罗马帝国分裂为

---

① *n. m.* 代表阳性名词,*n. f.* 代表阴性名词。

② 公元纪年即以耶稣基督“生年”为起点。

东西两部分。

拉丁化之后，高卢地区的语言呈现以下特点：一方面上层社会人士使用古典拉丁语(le latin classique)；另一方面下层人士使用民间拉丁语(le latin populaire 或 le latin vulgaire)，它吸收了高卢语元素，演变为"高卢-罗曼语"(le gallo-roman)或简称"罗曼语"(le roman)①。它是法语的前身。无论是古典拉丁语、民间拉丁语还是后来的罗曼语，都吸取了希腊语的一些词汇。实际上，代表欧洲两大古典文明的希腊语和拉丁语都一直对欧洲其他语言产生着一定影响，法语在形成之后也一直向它们借用词根。

五、法兰克人入侵，卡洛林王朝和《斯特拉斯堡誓词》：法语的形成(6 世纪—10 世纪)

公元 476 年，在日尔曼人(les Germains)的入侵和内部奴隶起义的双重打击下，西罗马帝国灭亡，欧洲进入中世纪(Moyen-Age)②。高卢也在这一时期被日尔曼人占领，其中最重要的一只部落是法兰克人(les Francs)③。公元 481 年，克洛维(Clovis)建立起墨洛温王朝(les Mérovingiens)④，建都巴黎。

然而日尔曼语(le germanique⑤)并没有取代罗曼语，法兰克人反而被罗曼文化和语言所同化，只是为后者带来了一部分词汇。这是因为当时日尔曼人被称为蛮族(les barbares)，文明相对滞后很多。现代法语中源自日尔曼语的词汇很大一部分是军事和狩猎用词，比如 guerre(*n. f.* 战争)、maréchal(*n. m.* 元帅)、bannière(*n. f.* 军旗)、dard(*n. m.* 标枪)、leurre(*n.*

---

① 注意区分 le roman(高卢的罗曼语，旧时亦称 la langue romane)和 une langue romane(罗曼语族语言，即一个罗马化地区所使用的、来自民间拉丁语的语言，比如法语[le français]、意大利语[l'italien]、西班牙语[l'espagnol]、葡萄牙语[le portugal]等)。

② 中世纪一般指约 476 年西罗马帝国灭亡至 1640 年英国资产阶级革命，也有学者算至 1453 年东罗马帝国灭亡。

③ "法兰克"(Franc)意为"自由"。法国(la France)和法国人(les Français)的名称即源自该部落名。

④ 用法兰克人的传奇首领、克洛维的祖父墨罗维(Mérovée)命名。

⑤ 法兰克人讲的日尔曼语为"法兰克语"(francique)。

m. 诱饵)、crèche(*n. f.* 马槽)、orgueil(*n. m.* 骄傲)等。也有一些后缀,比如构成人名和表示贬义的后缀-ard 和-aud。

公元 751 年,矮子丕平(Pépin le Bref)建立了卡洛林王朝(les Carolingiens)的统治[①]。丕平的儿子查理曼(Charlemagne)积极进行军事扩张,并于公元 800 年由罗马教皇加冕称帝,号为"罗马人皇帝",建立了强大的帝国。但帝国的辉煌只持续了两代人,即于公元 843 年被查理曼的三个孙子洛泰尔(Lothaire)、日尔曼人路易(Louis le Germanique)和秃子查理(Charles le Chauve)所瓜分,他们的领土分别相当于今日的意、德、法三国。路易和查理曾联合起来对付他们的兄长洛泰尔,并于公元 842 年在斯特拉斯堡立下盟约《斯特拉斯堡誓词》(*Serments de Strasbourg*)。盟约不长,但它在法语历史上具有十分重要的意义,因为它其中一份文本[②]是用罗曼语写成的,这是迄今发现的最早的罗曼语文本。人们还发现了大约于公元 880 年问世的《圣厄拉莉之歌》(*Séquence de sainte Eulalie*,亦称 *Cantilène de sainte Eulalie*)[③],是世存最早的罗曼语文学作品。

准确地说,盟约和这本诗集都是用罗曼语北方方言"奥依语"(langue d'oïl)写就的。罗曼语在当时存在许多方言,其中最重要的区分就是"奥依语"和"奥克语"(langue d'oc):以卢瓦尔河为界,北方居民在回答是的时候说 *oïl*,而南方居民则说 *oc*。[④] 更进一步说,盟约是用"奥依语"中的法兰西岛方言(le francien)录写的。这是王室所使用的方言。因此《斯特拉斯堡誓词》和《圣厄拉莉之歌》被视为法语形成的标志。实际上,在相当长的历史时期里,法国一直处于诸侯割据的状态,王室的有效统治仅限于后来被称为法兰西岛(Ile-de-France)的巴黎周边地区。这种状态一直持续到 13 世纪卡佩王朝菲利普二世和路易八世对南方的征服。

---

① 卡洛林王朝(les Carolingiens)的名称取自丕平的同父异母兄长、墨洛温王朝的宫相(maire du palais)卡洛曼(Carloman)。丕平继卡洛曼担任宫相,后来废墨洛温王室而自己称王。

② 另一份文本为条顿语(tudesque),即日尔曼语,德语的前身。

③ 有的学者译为《幽兰莉圣歌》。

④ *oïl* 和 *oc* 均源自拉丁文 *hoc ille*。

9世纪—10世纪，北欧维京人(Vikings)侵掠欧洲诸国海岸，他们的一个分支诺曼人(Normands)在现在法国北部诺曼底地区定居下来，但其语言对法语的影响十分有限。

六、卡佩王朝，王国的统一和兴盛：古法语的确立(11世纪—13世纪)

卡佩王朝(les Capétiens)是于格·卡佩(Hugues Capet)于公元987年建立起来的。从被尊称为"奥古斯都"的菲利普二世(Philippe II Auguste，1180—1223)开始，到"狮子"路易八世(Louis VIII le Lion，1223—1226)、"圣路易"路易九世(Louis IX «Saint Louis»，1226—1270)、"勇敢者"菲利普三世(Philippe III le Hardi，1270—1285)和"美男子"菲利普四世(Philippe IV le Bel，1285—1314)，几代国王积极致力于通过消藩、战争和完善国家机器来加强王权、扩大王室领地。到卡佩王朝结束的1328年，王室领地面积和统治人口已达全国三分之二以上。与此同时，法兰西岛方言亦逐渐取得统治地位，并日渐丰富与完善。因此Albert Dauzat等学者将卡佩王朝的建立视为古法语(l'ancien français)正式形成的标志，并将该王朝的结束视为古法语结束的标志。[①]

在古法语时期，文学正式诞生并获得发展，其中代表性的作品是图洛尔(Turold)编写的《罗兰之歌》(*La Chanson de Roland*)，属于当时民间传唱的武功歌(les chansons de geste)，歌颂查理曼大帝手下战将罗兰的英雄事迹。这一时期流传下来的其他著名作品还有克雷蒂安·德·特罗亚(Chrétien de Troyes)著的亚瑟王传奇故事(les romans arthuriens)、托马斯·当格勒泰尔和贝鲁尔(Thomas d'Angleterre et Béroul)编写的《特里斯丹与伊瑟》(*Tristan et Iseult*)以及《列那狐的故事》(*Le Roman de Renart*)等(Ploquin Fr. et al.，2000)。

卡佩王朝统治时期，在罗马天主教皇的支持下，西欧各封建国家对地中

---

① 以下关于法语发展历史时期的划分均参照 *Les étapes de la langue française* (DAUZAT，1956)不同学者的划分会有一些不同。

海东岸伊斯兰国家发动了长达 200 年的宗教战争，史称“十字军东征”(la croisade，1096—1291)。这场战争使法兰西文化和阿拉伯文化产生接触和交流，一批阿拉伯语词汇进入法语，例如 alchimie(*n. f.* 炼金术)、alcool(*n. m.* 酒精)、algèbre(*n. f.* 代数)、azimut(*n. m.* 方位角)、caravane(*n. f.* 商队)、couscous(*n. m.* 麦粉粒大盘菜)、laque(*n. f.* 油漆)、minaret(*n. m.* 清真寺尖塔)、sofa(*n. m.* 沙发)、tambour(*n. m.* 鼓)、zénith(*n. m.* 天穹)等。

七、瓦卢瓦王朝，《维莱尔-科特莱敕令》：中古法语(14 世纪—16 世纪)

卡佩王朝结束后，法国进入瓦卢瓦王朝(les Valois)统治时期。期间最重要的历史事件便是英法百年战争(1337—1453)。战争过程漫长而残酷，但法国最终获得了战争的胜利，收复了除北方加莱港之外所有被英国占领的土地。战后法国王室继续通过战争、谈判、联姻等多种手段吞并割据的贵族，使法国基本获得统一，民族意识普遍觉醒，民族文化得到发展。就语言来说，有两点值得重视：一是法语随着瓦卢瓦王朝的建立进入中古时期(le moyen français)；二是弗朗索瓦一世(François I，1515—1547)于 1539 年颁布《维莱尔-科特莱敕令》(Ordonnance de Villers-Cotterêts)[①]，规定司法和公证文书放弃拉丁语而使用法语；在这之前国王还曾颁令要求所有出版商将每种图书向王室图书馆缴送一册，这是世界上最早关于缴送出版物的法律，极大促进了法兰西语言和文字的统一和发展。同一年，词汇学家和王室印刷人 Robert Estienne 出版了第一部《法语-拉丁语词典》(*Dictionnaire François-latin*)。

中古法语时期法国主要文学作品有弗朗索瓦・维庸(François Villon)的诗集、弗朗索瓦・拉伯雷(François Rabelais)的《巨人传》(又译《庞大固埃》，*Pantagruel*)、米歇尔・德・蒙田(Michel de Montaigne)的随笔集(*Essais*)等。1549 年，诗人 Joachim 和“七星诗社”(la Pléiade)发表了著名

---

① 维莱尔-科特莱是位于巴黎东北 77 千米的一座小城，弗朗索瓦一世在此签署上述敕令。

的宣言《保卫和弘扬法兰西语言》(*Défense et illustration de la langue française*),抨击崇拜希腊文、拉丁文,轻视法语的现象,主张从艺术用语、科技术语和口语中汲取词汇,充实法语。

在这一时期的法国和欧洲,知识得到普及,人文思想活跃。文艺复兴运动(la Renaissance)和宗教改革运动(la Réformation)先后兴起。前者使意大利语词汇大量进入法语,其中有很多文艺方面的词汇,例如 ballet(*n. m.* 芭蕾舞)、cadence(*n. f.* 节律)、concerto(*n. m.* 协奏曲)、intermède(*n. m.* 插曲;幕间剧)、relief(*n. m.* 浮雕)、sérénade(*n. f.* 小夜曲)、trombone(*n. m.* 长号)、violon(*n. m.* 小提琴)等。法语本身的词汇、句法和语音也一直在不断完善和提高。与此同时,法语也开始向外传播,影响力日增。

八、波旁王朝和启蒙运动:古典法语和法国文化的兴盛(17 世纪—18 世纪)

16 世纪下半叶,法国的天主教徒和新教徒之间进行了残酷的战争,法国陷入内战。1610 年,新教徒出身的亨利四世国王(Henri IV)宣布皈依天主教,结束了这场战争。他是波旁王朝(les Bourbons)第一个君主,法语也随着战争的结束而进入了古典时期(le français classique),并历经路易十四(Louis XIV)的盛世和启蒙运动(le mouvements des Lumières, 1715—1789),资本主义也开始发展。在这期间,法国涌现出一大批文学和哲学巨匠:勒内·笛卡儿(René Descartes)的形而上学(la métaphysique),皮埃尔·高乃依(Pierre Corneille)和让·拉辛(Jean Racine)的悲剧,莫里哀(Molière)的喜剧,让·德·拉封丹(Jean de la Fontaine)的寓言诗(fables),孟德斯鸠(Montesquieu)的《论法的精神》(*L'Esprit des lois*),伏尔泰(Voltaire)的哲理小说,让-雅克·卢梭(Jean-Jacques Rousseau)开启浪漫主义的散文,德尼·狄德罗(Denis Diderot)集知识大成的《百科全书》(*L'Encyclopédie*)等。

与此同时,一批语法学家对法语进行了规范,其中最著名的包括:Charles Maupas 的《法语语法和句法》(*Grammaire et syntaxe francoise*, 1607 年), Antoine Oudin 的《用时代语言介绍法语语法》(*Grammaire*

Francoise Rapportee av Langage dv Temps, 1632), Claude Favre de Vaugelas 的《法语评论》(*Remarqves sur la langve françoise*, 1647), Laurent Chifflet 的《论法语完美语法》(*Essay d'une parfaite grammaire de la langue françoise*, 1659), Antoine Arnauld 和 Claude Lancelot 的《理性普通语法》(*Grammaire générale et raisonnée*, 1660), Restaut 的《法语语法理性普遍原则》(Principes généraux et raisonnés de la grammaire françoise, 1730), Charles François Lhomond 的《法语语法要义》(Éléments de la grammaire françoise, 1780)等。诗人 François de Malherbe 等人也积极致力于推行和维护法语的规范化。在词汇方面,新词大量被创造,并从英语、德语、西班牙语等语言引入了很多政治、商业、航海、科技等方面的词汇。1634 年,红衣主教黎塞留(Richelieu)创立了文学院,次年更名为法兰西学院(Académie française);1694 年,《法兰西学院词典》(Dictionnaire de l'Académie française)出版[①],梳理了法语词汇,对词语的形态、读音、意义和用法作出了规定。上述学者和机构的努力使法语和文字完成统一,成为一门表达准确、语句优美的典范语言。

17 世纪—18 世纪,在政治和军事上,法国还大力对外扩张,占领了很多殖民地。法国的国力、语言、文学、思想和文化都发展到一个鼎盛状态,在世界产生了前所未有的巨大影响。

九、法国大革命至第一次世界大战:近代法语(18 世纪末至 20 世纪初)

18 世纪 60 年代,英国发生工业革命。1789 年,法国发生资产阶级大革命。这是两场深刻影响西方社会的革命性事件。从大革命至 1914 年第一次世界大战爆发,以 19 世纪为主,是近代法语时期(le français moderne)。法语的古典形态逐渐发生一些变化,文字已基本定形,词汇吸收了很多新兴资产阶级的用语和民间用语,并依靠自身的生成能力、使用拉丁语和希腊语词根或者向其他语言、尤其是英语借词,继续充实自己在科技和贸易等领域

---

① 《法兰西学院词典》迄今已出版第 8 版,第 9 版正在编纂中。

的词汇。

从9世纪起,正式的法语是以首都巴黎及附近地区所讲的、属于北方奥依语的法兰西岛方言为基础形成并逐步发展和完善的。至18世纪末,尽管其已经奠定了官方主导地位,但法国各地的方言仍对其形成一定的威胁和挑战。面对这种现象,格雷古瓦神父(l'abbé Grégoire,全名 Henri Jean-Baptiste Grégoire)于1794年向当时的立法机构公民公会(la Convention)提交了一份报告,强烈呼吁消除方言,推广法语。这份报告促使法国当局采取措施消除方言的不利影响,并规定所有的学生在学校必须学习法语。

对于这一时期,我们还须提及两部巨著:埃米尔·利特雷(Émile Littré)的利氏《法语词典》(*Dictionnaire de la langue française*,1873年),以及皮埃尔·拉鲁斯(Pierre Larousse)的《通用法语大词典》(*Le Grand dictionnaire universel*,1876年)。两部辞书均为法语的进一步规范和为公众提供法语的"正确用法"(le bon usage du français)做出了重要贡献。

十、第一次世界大战至今:现代法语(20世纪至今)

第一次世界大战之后,法语继续发展,进入现代法语时期(le français contemporain)①。在国内,官方法语已完全战胜各种方言;对外方面,在继续向英语等其他语言借用词汇的同时,法语也充分完善了自身构词机制,并致力于借词的法语化,使借词的读音和拼写尽量符合法语既有规则,甚至为之创造法语的对应词。另外,在两次世界大战之间,法语的对外扩张和殖民化达到了历史上的巅峰,占据的领土遍及全球,占世界土地总面积的8.6%,成为仅次于英国的第二大殖民帝国。这些因素客观上都使法语更加丰富,呈现更为丰富化的面貌,对外影响也日益扩大。

第二次世界大战之后,国际政治和力量结构发生巨大变化,法国的国际地位大幅下降,其殖民地也纷纷独立。但法语在全球仍占有重要地位。"法语国家与地区数目众多,面积广阔,文化多样,其中既包括法国、瑞士、比利

① 也有学者继续沿用 le français moderne 的说法,形成一个更大跨度的"现代法语"的概念。但其中更具体的分析与本文内容是相似的。

时、卢森堡、加拿大魁北克省等欧美发达国家与地区,也包括国际政治多极化、经济全球化以来战略地位凸显的广大发展中国家与地区。法语是法语国家与地区历史、文学、艺术、政治、经济和科技等文明的重要载体,也是近40个国际组织的官方语言,是联合国六种工作语言之一,广泛应用于各领域的国际交往。"(中华人民共和国教育部,2020)[①]另据法语国家和地区组织(OIF: Organisation international de la Francophonie)的统计,其成员国家和地区共有88个,是世界第五大语言和互联网第四大语言,覆盖近3亿人口和1.32亿法语学生。

在这一历史时期,有关法语规范的著述和辞书更多,出现现代学术期刊,也开始尝试与新技术相结合。其中特别值得强调的有3种:

(一)《现代法语》(Le Français moderne)

这是法国历史最悠久、也是最权威的语言学期刊之一,创办于1933年,主办机构是国际法语委员会(CILF: Conseil international de la langue française)。

(二)《法语正确用法》(Le Bon Usage)

著名语法学家莫里斯·格洛维斯(Maurice Grevisse)于1936年发表的法语用法完全指南,所以亦称《格洛维斯语法》(Le Grevisse),后不断更新。

(三)《法语宝库词典》(TLF: Trésor de la langue française)

为在原来利氏等大词典的基础上总结法语在词汇等方面新的发展成果,进一步规范民众用语,法国国家科研中心(CNRS)于1959年12月成立了"法语宝库研究中心",伊姆斯教授(P. Imbs)担任研究中心主任(黄建华,1980)[②]。1971—1994年间陆续出版了《法语宝库词典》共16卷,后又出版一部补充卷,共计收词10万条,27万个释义,43万例句;近年来,为方便民众使用,该词典已在网上推出免费的电子版,简称TLFi(Trésor de la langue française informatisé)。

---

① 《普通高中法语课程标准》研制人员为王文新等,见《基础教育课程》2018年第1期《新标准助力外语人才多样化——访访普通高中法语课程标准研制组负责人王文新》。

② 此文原未署名,黄建华先生于《辞书研究》1982年第1期《法语宝库·"词典"》一文中明确为其所作。

十一、结语

语言的历时研究本身即具有较高的史料价值，也十分有助于了解有关语言的现况和发展趋势。对于该语种的教学来说，虽然相关成果一般不能直接纳入教学内容（比如一个单词的历史形态），但对教学却起着重要的参考作用。另外，相对于通常的观点（将语言历史知识留给语言学专业研究生），笔者认为在本科阶段，在向学生教授基础语言知识和能力的同时，教师也可以在其认为适当的时候作为辅助手段直接告诉学生一些历史知识。我们的教学对象不是儿童，而是已经长大成人的大学生，他们在中学阶段接受过良好的世界历史教育，十分懂得知其然，又知其所以然的学习道理，这些历史知识将有助于他们的语言学习。在词汇方面尤其如此。

近年来，法语教学在我国发展迅速。根据教育部高校外语专业教学指导委员会法语分委会、中国法语教学研究会的统计，2017 年全国至少有 142 个法语专业教学点（包括本科和高职、高专），每届学生 5 797 名，而且在持续发展中（人大新闻，2017）。法语教学法与包括词汇学和词典学在内的法语语言学等研究也获得了丰硕的成果。例如 1964 年高达观、徐仲年主编的《简明法汉词典》问世，1978 年上海外国语学院[①]编写的《法汉词典》，20 世纪 80 年代之后，更有几十部各类法汉词典问世（曹德明，王文新，2011）。然而其中尚有很多需要开拓的新领域，包括如何从中国人的视角梳理法语史、法语词汇史及词汇形态结构，并将其应用于中国的法语教学和教材编写中。笔者近年来通过出版《法语形态学与词汇教学》《新编法语课本》[②]等著作已经作了一些初步尝试。本文是一篇新的综述型研究报告，期望能抛砖引玉，吸引更多的同仁尤其是青年学者投入相关研究。

（作者单位：王文新，上海大学。电子邮箱：valeryw@163. com）

---

① 现上海外国语大学。

② 高等教育出版社 2017 年已出版第一册。

参考文献

[1] 曹德明,王文新. 中国高校法语专业发展报告[M]. 北京：外语教学与研究出版社,2011.
[2] 黄建华. 一座语言的丰碑——《法语宝库》简介[J]. 辞书研究,1980(2).
[3] 中华人民共和国教育部. 普通高中法语课程标准(2017 年版 2020 年修订)[S]. 北京：人民教育出版社,2020.
[4] 唐尧. 先贤之信[M]. 上海：东方出版中心,2005.
[5] 王文新. 法语形态学与词汇教学[M]. 上海：上海社会科学院出版社,2015.
[6] DAUZAT A. Les étapes de la langue française[M]. Paris：PUF，1956.
[7] LAMBERT P-Y. La langue gauloise，description linguistique，commentaire d'inscriptions choisies[M]. Paris：Errance，2003.
[8] MATHIEX J. Histoire de France[M]. Paris：Hachette，1996.
[9] PICOCHE J. Dictionnaire étymologique du français[M]. Paris：LR，2009.
[10] PLOQUIN F，et al. La littérature française[M]. Paris：Hachette，2000.
[11] OIF (Organisation international de la Francophonie). 官方网站[EB/OL]. https：//www. francophonie. org/.
[12] TLFi (Trésor de la langue française informatisé). 官方网站[EB/OL]. https：//www. atilf. fr/ressources/tlfi/.
[13] 人大新闻. 中国人民大学举办高校法语年会[EB/OL]. (2017 - 11 - 13). https：//news. ruc. edu. cn/archives/186808.

双语儿童的语言习得

魏　嘉

摘　要：本文介绍了研究团队对双语儿童语言习得的研究结果。首先解释了定义，然后是大脑的功能，即人如何在实际情况中学习语言，再介绍两种语言习得类型：同时习得和连续习得。语言学家认为，将有越来越多的儿童掌握双语，他们对这一现象既充满希望又有所担心。研究发现，双语儿童不会被两种“母语”所压倒。对他们的人生发展来说，将来能说几种语言可能更为有利。

关键词：儿童；双语；同时习得；连续习得

一、引言

全球化正在使世界变得越来越小。为了更好地与全世界沟通，双语或多语现象已不再罕见。今天在中国的情况是：不少人士已经能够说多种语言，同时越来越多的家长希望他们的孩子从出生起或最晚在幼儿园就能够接触和学习英语，这样他们在未来的工作中就能有更多的机会，能在激烈的竞争当中占有一席之地并更好的适应社会。

二、什么是双语现象以及谁是“双语者”？

这两个术语在不同的文献中有所不同。Frigerio Sayilir 认为“双语行为”只有在同时掌握两种语言的情况下才有可能。但她接着补充说，这一定义也有局限性:"这一定义是存在例外的;定义者未能考虑到语言能力的动态发展方面。一个原因可能是,他们主要是为了研究那些语言能力已经完全成熟的成年人。"(FRIGERIO SAYILIR, 2007)①Müller 则强调双语的自然习得过程:"双语能力是指一个人通过自然习得两种语言作为幼儿母语而获得的语言能力。"(MÜLLER, 2006)②在这里不难看出,双语行为这一现象的定义是复杂并且存在争议的。

三、学习语言时人的大脑是如何工作的?

语言习得的先决条件是我们大脑在学习第一语言或第二语言时懂得如何运作。这意味着人的认知系统在学习语言时起着特定作用。处理所学习的语言是大脑利用特定区域对特定语言的认知过程。大脑机能和语言究竟有什么关系呢?"在 19 世纪布洛卡之后。在 19 世纪,某些形式的失语症可能与局部神经损伤有关,毫无疑问,大脑中的神经组织结构是语言的物质载体。"(GRIEßHABER, 2010)③如今,研究神经系统结构并试图描述神经系统大脑区域及其连接的科学称为神经解剖学。例如,如果一个人想学习语言,他必须通过有意识的学习过程来完成,返回相同的神经元可塑性机制,但三种类型的"学习"在大脑的不同区域运行,涉及大脑不同的功能:

"(1) 习惯养成性学习,比如游泳或手部运动,发生在运动区和小脑中;(2) 联想学习和情感记忆,即习惯的调节及其情感色彩的获取,尤其发生在

---

① 本文作者自译,原文为:

Diesen Definitionen ist mit Ausnahme der letzten gemeinsam, dass sie sich dynamischen Aspekt sprachlicher Kompetenzen nicht berücksichtigen können. Ein Grund dafür könnte sein, dass sie vorwiegend für die Forschung mit erwachsenen Personen entwickelt wurden, deren sprachliche Kompetenz als vollständig erworben betrachtet wurde.

② 本文作者自译,原文为:

Unter Bilinguismus verstehen wir das Sprachvermögen eines Individuums, das aus dem natürlichen Erwerb zweier Sprachen als Muttersprachen im Kleinkindalter resultiert.

③ 本文作者自译,原文为:

Nachdem zuerst Broca im 19. Jahrhundert bestimmte Formen der Aphsie mit lokalen Schädigungen der Nervenzellen in Verbindung hatte bringen können, dürfte unbestritten sein, dass neuronale Gewebestrukturen im Gehirn die materiellen Träger der Sprache sind.

杏仁核和大脑前部，也就是眶额皮质；(3) 外显学习和陈述性记忆，包括情景和语义知识的获取，依赖于海马体作为第一处理站，然后存储在各自的次级感觉区和多模态分区中。"(NITSCH, 2007)①

与计算机系统相比，我们可以这样表述：神经细胞系统类似于我们大脑中的硬件。一个人不仅要记住单词或短语，还要记住语言习得策略，即通俗说的学习方法。"知识存储在(大脑皮层)多模态分区的事实表明，如果所学知识通过几个感官系统同时传递，即通过图像、声音和气味，那么则更容易被学会。事实上，表皮神经的主要部位在出生后的前几年就长成了，随着年龄的增长，感觉或运动技能随之发展。语言以及声音的感知和区分(即语音)也发生在第一阶段，也就是人生的第一年。然而，最近的研究得出了不同的结果：神经元的可塑性使其可以根据环境中产生终生变化的自然反应。"(NITSCH, 2007)②大量研究表明，在习得所有知识的初期，左脑激活模式的空间分布随年龄的增长而变化。从 4 岁开始，随着年龄的增长，左脑专攻某项技能的进化程度降低，右脑越来越多地参与语言处理；在 7 岁时，

---

① 本文作者自译，原文为：

(1) Prozedurales Lernen, d. h. der Erwerb von Fertigkeiten wie Radfahren. Schwimmen oder die Handbewegung beim Schreiben, vollzieht sich in den motorischen Rindengebieten und im Kleinhirn; (2) Assoziatives Lernen und emotionales Gedächtnis, also die Konditionierung von Angewohnheiten und deren affektive Färbung, vollzieht sich insbesondere im Mandelkern un in den vordersten Teilen des Großhirns, dem orbitofrontalen Cortex; (3) Explizites Lernen und deklaratives Gedächtnis, welches den Erwerb von episodischem und semantischem Wissen beinhaltet, ist auf den Hippocampus als erste Prozessierunstation angewiesen und wird dann in den jeweiligen sekundären sensorischen Arealen und in multimodalen Rindenfeldern abgespeichert.

② 本文作者自译，原文为：

Die Tatsache, dass Wissen in multimodalen Feldern gespeichert ist, legt nahe, dass Wissen leichter erworben werden kann, wenn es über mehrere sensorische Systeme vermittelt wird, also durch Bilder, Töne, Tast- und Geruchseindrücke. Tat sächlich reifen die primären Rindenareale schon in den ersten Lebensjahren, wobei die Reifung parallel mit der Entwicklung der sensorischen oder motorischen Fähigkeiten verläuft. Auch das Wahrnehmen und Differenzieren von sprachlichen Lauten (Phonemen) erfolgt schon im 1. Lebensjahr. Neuere Studien kommen jedoch zu anderen Ergebnissen: Neuronale Plastizität ist als natürliche Reaktion auf Änderungen in der Umwelt lebenslang vorhanden.

这种效应再次增强。这一现象表明，语言习得虽然有特定条件的限制，但是大脑会根据环境的改变适应语言习得的环境。

四、语言的同时习得

（一）前提条件和年龄因素

Tracy 曾经提出，在语言习得方面有 3 个前提条件："(1) 特殊处理；(2) 强大的处理策略，识别和保存并启用相似性和对比性；(3) 刺激的语言环境，即所谓的输入。"(TRACY, 2007)①语言的同时习得也可称为双语习得。"当孩子同时习得两种母语的时候，通常情况都会引出一个结果，父母会和孩子随时切换语言，在家里说一种语言，在家以外的环境说另外一种语言。"(TRACY Rosemarie, 2007)②如果仔细观察这个术语，会很容易发现应该有边界来界定它，这样才能更好地理解它。换句话说，有一些因素难以确定，但除此之外，还有一些因素相对来说更容易测量，或者说更容易有标准，因此这些因素通常用于区分双语习得的基本类型。

第一个因素是年龄。即问题是：什么时候学习第二语言，才算得上双语掌握者？"两门母语的习得，也是双语习得，也就是同时学习两门第一语言，或者说让孩子很早并且同时、有规律且持续地深入学习一种以上的语言。"(FRIGERIO SAYILIR, 2007)③这里的"同时"一词到底是什么含义？

---

① 本文作者自译，原文为：

(1) eine spezielle Veranlagung; (2) leistungsfähige Verarbeitungsstrategien, die das Erkennen und Speichern von Ähnlichkeiten und Kontrasten ermöglichen; (3) eine anregungsreiche sprachliche Umgebung, das sogenannte Input.

② 本文作者自译，原文为：

Der doppelte oder simultane Erwerb unterschiedlicher Erstsprachen — in der Regel das Ergebnis, wenn Vater und Mutter Kinder in verschiedenen Sprachen ansprechen oder wenn in der Familie eine (oder mehrere), in der Umgebung eine andere Sprache gesprochen wird.

③ 本文作者自译，原文为：

Der Erwerb zweier Erstsprachen, auch die Begriffe bilingualer Spracherwerb, doppelter Erstspracherwerb, simultaner Erwerb zweier Erstsprachen, ist das Resultat davon, dass Kinder sehr früh, gleichzeitig, regelmäßig und andauernd mehr als einer Sprache ausgesetzt sind.

“当这种有规律的持续的语言输入是在3周岁之前开始的，则称之为两种第一语言的同时习得。如果第二种语言在孩子3周岁以后才开始学习，则称之为连续语言的习得。”(FRIGERIO SAYILIR, 2007)①如果从10周岁开始学习，则是所谓的成年人的第二外语了。事实上，很多语言学家都同意3周岁这个标准，认为孩童在3周岁的时候在语法结构的认知上会有一个质的飞跃；换句话说，孩子在这一年不仅会掌握大量的词汇，而且还会掌握一些根本的、基础的语法结构。“在3岁到10岁之间孩子的学习能力会从内在学习方式向外在学习方式延伸。”(NITSCH, 2007)②

然而年龄这个标准一直是有争议的。上述3周岁的标准也有例外情况：“如果一个孩子在4周岁之前学习了第二种语言，那么这个孩子大脑中会产生比10周岁以后学习第二门语言的人更多的可区分两种语言的神经细胞。”(FRIGERIO SAYILIR, 2007)③因此，年龄是语言习得的一个有争议的因素。这个问题还没有得到很好回答；年龄之所以成为一个饱受争议的因素，是因为在现实生活中存在太多的例外，人的大脑认知又能随着生活环境的变化而变化。因此也有学者倾向于采用2周岁的标准。

(二) 儿童对语言的区分

在第二语言的习得方面总是有批判性或有争议的问题，这些问题还包括：孩子是否可以区分每种语言？如果是的话，什么时候开始？

---

① 本文作者自译，原文为：

Wenn der regelmäßige Input in beiden Sprachen vor dem Alter 3 Jahren beginnt, sprechen wir von dem doppeltem Sprachenerwerb. Beginnt der Kontakt mit der zweiten Sprache nach dem 3. Geburtstag, bezeichnen wir dies als sukzessiven kindlichen Zweitsprachenerwerb.

② 本文作者自译，原文为：

Zwischen dem 3. und 10. Lebensjahr vollzieht sich ein Übergang von den impliziten Lernstrategien des Kleinkindes zu den expliziten Lernstrategien des Schülers.

③ 本文作者自译，原文为：

Frühe Zweisprachige, die schon vor ihrem 4. Lebensjahr mit der zweiten Sprache konfrontiert waren, aktivieren bei freier Sprachproduktion identische Subreale innerhalb des Broca-Zentrums, während Personen, die erst nach dem 10. Lebensjahr die L2 erworben haben, getrennte Subreale aktivieren.

Müller 曾对 19 名双语儿童进行跟踪研究。“他们所说的两种语言是德语和罗曼语，或者两种都是罗曼语系的语言；他们的年龄在 1 周岁 6 个月至 5 周岁之间。结果显示，在他们身上完全没有语言混淆的事件发生。”(MÜLLER, 2006)[①]可以说，双语儿童从一开始就掌握一种能力，一种可以同时掌握两种句法结构语言的能力。其他的学者也做了研究，并且也得出了类似结论：“这些孩子们在和单语者儿童聊天的时候极少出现或者根本不会出现语言混淆的现象。尽管这样，并不能完全证明他们在说两种或者切换两种语言的时候可以完全游刃有余。孩子可以区分不同语法系统的确切证据是——双语儿童在早期就已经可以开始使用功能性语法结构的句子了，那些同时将英语和德语作为第一语言的双语儿童可以分清楚动词第一位和动词第二位，说明他们可以分清楚英语和德语。”(MEISEL, 2007)[②]另有一些研究结果表明，双语儿童最晚在他们可以开始组词的时候已经准备好了区分语言。

此外，还有一些重要的早期研究证明孩子可以区分并且分开使用两种语言：当孩子学习语言的时候，他们总是会把一种语言学习得更好，而另外一种相对来说弱一些。这就意味着，除了年龄的因素以外，这两种语言对于双语孩子来说还是会有快有慢。

(三) 语言更换

1. 一方家长，一种语言

研究发现，同时学习两门语言的孩子不仅在早期就能分开两种语言，并且还能够主动地切换语言，这就如同我们如今在网络或者生活中遇到的成年人，说话中夹杂着另外一种语言一样。在一些家庭当中会有这样的情况：

---

① 本文作者自译，原文为：

Deren zwei Erstsprachen Deutsch und eine romanische Sprache oder zwei romanische Sprachen sind und die circa 1,6 bis 5,0 Jahre alt sind. Das Ergebnis zeigt, dass sie kaum Sprachmischungen aufweisen.

② 本文作者自译，原文为：

..., dass bilinguale Kinder bereits zu diesem frühen Zeitpunkt grammatisch unterschiedliche Ausdrucksweisen für funktional äquivalente Konstruktionen in den beiden Sprachen verwenden.

比如家长来自两个国家，总是和孩子分别说着自己国家的语言，此时孩子也同样以相对应的语言来回应；前提是家长必须在此过程中严格并且一直遵守这个规则。但问题是，在家庭中，语言的目的是为了沟通；当人们认识到说话交流的场景其实并没有那么严肃的时候，会随时切换自己的语言，这也会影响孩子切换语言的行为。

家长从孩子一出生就严格地分配好和孩子说话所用的语言，孩子将可以非常好第掌握两种语言。这样的方式被称为“一方家长，一种语言”。也就是说，父亲和孩子说一种语言，母亲和孩子说另外一种语言。但是还会出现以下几种情况：“(1) 他们会设置一种语言为家庭用语；(2) 他们会互相使用对方的语言，尽管他们和孩子只说一种语言；(3) 他们在和对方说话的时候用自己的语言，对方只要能够听懂就可以。”(TRACY, 2007)①

在其他情况下，很多家庭还有可能加入第三种语言，而且这种语言又被赋予了新的任务，需要在特定的时间和地点被说出来。另外，有些学者也提出，孩子会把一种语言和特定的人联系起来，这样他们会把单词、语法以及对这种语言的想象也联系起来。

尽管“一方家长，一种语言”被证明是最好的双语学习方式，一些语言学家仍旧对此表示担忧和怀疑。他们表示，这种不连续的将两种语言分开的教学会导致孩子在学习语言的时候有所犹豫，而且还会导致孩子在学习语言时的不完整性。

2. 家庭语言与环境语言

这种情况在很多国家都会出现，比如一家人移民到了另一个国家。那么他们在该国出生的孩子就会说两种语言，一种是在家里说的语言；另一种是他们在和外界尝试沟通时所用的当地语言。第二代移民在外面说当地的语言是为了能够融入社会，以符合这个社会的身份出现和活动。另一方面，

---

① 本文作者自译，原文为：

(a) Sie machen eine ihrer (beiden) Sprachen zur Familien- oder Elternsprache (sofern sie beide diese Sprache ausreichend beherrschen), (b) sie verwenden beide Sprachen miteinander, auch wenn sie mit den Kindern in jeweils nur einer reden, (c) sie bleiben auch in ihrem Umgang miteinander bei der Sprachtrennung.

他们在家里也需要维护自己的家族文化。

五、语言的连续习得

（一）什么是语言的连续语言习得？

实际上是有两种语言习得方式被称为连续习得：

1. 自然而然学习和掌握的语言。Frigerio Sayilir 解释得很清楚，虽然其年龄标准可以有不同观点："第二语言的习得实际上是指当人们在学习第一语言之后，也就是 1 周岁至 3 周岁之后，所学习的语言。"（FRIGERIO SAYILIR，2007）[①]这包括一家人移民之后，其在母国出生的孩子在移入国习得第二语言。如果是 3 周岁以后习得的第二种语言则称之为第二连续习得语言。而且很多情况下都会有一种语言偏强，有一种语言偏弱。

2. 外语的习得。很多学者明确表示第二语言和外语是不一样的。后者并非总是人们在生活中能够用到的，而且还更多地和学校教育相关。

（二）为什么年龄扮演如此重要的角色？

年龄因素在语言的连续习得中同样发挥十分重要的作用。这符合社会普通人士的通常认知和感受，即当人们谈论到第二语言的习得时，下意识首先想到的经常是：越早越好。也就是说，孩子的年龄越小，能够将第二语言或外语掌握的可能性就越大。前面所引用的以及近些年来其他一些研究调查表明，3—5 岁的孩子已经能够掌握句法结构。此外还有一点需要说的是，孩子越早学习第二种语言或外语，他们就越有勇气开口说这门语言，他们不会害怕被别人嘲笑。而恰恰是这一点构成学习语言的精髓之一。

六、结语

语言具有复杂性，很多因素很难进行清楚的解释；而且语言形成之后，并非世世代代都是不变的，而是越来越丰富，越来越复杂。因此很多人担心，孩子对于所学的两种语言会混淆它们的结构和单词。"尤其当一个孩子

---

① 本文作者自译，原文为：
Der Begriff Zweitspracherwerb bezieht sich auf Menschen, die nach ihrem Erstspracherwerb（1. - 3. Lebensjahr oder länger）eine zweite Sprache lernen.

的双语习得是由环境所迫进行的情况下，这个孩子最后是否会由于种种原因，从这两种语言当中自创出另外一种语言。”（FRIGERIO SAYILIR，2007）①

面对这样的疑问和担心，笔者持更乐观的观点。从本文前面所介绍的理论当中可以看出，大脑在运行过程中有足够的语言架构，对于双语以及多语学习的困难原则上是可以克服的。而且双语儿童是可以在早期区分出他们所感兴趣或者对其有用的信息的。在笔者看来，双语儿童在未来有更多的可能性，因为通过全球化进程和技术的发展，世界会变得“越来越小”，由此人们将更经常地需要使用多种语言进行沟通。换句话说，未来谁能够掌握更多的语言，谁就能在世界范围内有更多的成功机会。

（作者单位：魏嘉，上海外国语大学贤达经济人文学院。电子邮箱：2111057@xdsisu. edu. cn）

参考文献

[1] ANSTATT T, DIESER E. Sprachmischung und Sprachtrennung bei zweisprachigen Kindern (am Beispiel des russischen — deutschen Spracherwerbs) [M]// ANSTATT T. Mehrsprachigkeit bei Kindern und Erwachsenen. Tübingen: Attempto Verlag, 2007.

[2] FRIGERIO SAYILIR C. Zweisprachig aufwachsen- zweisprachig sein [M]. Kornwestheim: Waxmann Verlag, 2007.

[3] GRIEßHABER W. Spracherwerbsprozesse in Erst-und Zweitsprache. Eine Einführung[M]. Duisburg: Universitätsverlag Rhein-Ruhr, 2010.

[4] MEISEL J M. Mehrsprachigkeit in der frühen Kindheit: Zur Rolle des Alters bei Erwerbsbeginn [M]//ANSTATT T. Mehrsprachigkeit bei Kindern und Erwachsenen. Tübingen: Attempto Verlag, 2007.

[5] MÜLLER N. Einführung in die Mehrsprachigkeitsforschung [M]. Tübingen: Narr Verlag, 2006.

[6] NITCH C. Mehrsprachigkeit: Eine neurowisschaftliche Perspektive [M]// ANSTATT T. Mehrsprachigkeit bei Kindern und Erwachsenen. Tübingen:

① 本文作者自译，原文为：

Die Sprache und ihre Umgebung sowie die Grammatikalisierung sind komplex; wahrscheinlich erwirbt ein Kind am Ende eine Mischsprache als eine „Sprache“.

Attempto Verlag, 2007.
[7] TRACY R. Wie Kinder Sprachen lernen: und wie wir sie dabei unterstützen können[M]. Tübingen: Francke, 2008.
[8] TRACY R. Wieviele Sprachen passen in einen Kopf? Mehrsprachigkeit als Herausforderung [M]//ANSTATT T. Mehrsprachigkeit bei Kindern und Erwachsenen. Tübingen: Attempto Verlag, 2007.

Only native speakers can teach children second languages?

— A case study of FLP employed in a family in Guangdong[①]

ZHU Jiawen

Abstract: Classical language policy research focuses on macro, explicit national and local government action to solve "language problems". COOPER (1989) suggested that language planning should not only work at the macro level but also at the micro level, i. e. in smaller social groups. Many scholars have gradually shifted from macro-level language planning to the more micro-level of family language policy (FLP). FLP is defined as explicit and overt as well as implicit and covert language planning by family members in relation to language choice and literacy practices within home domains and among family members (CURDT-CHRISTIANSEN, 2009; SPOLSKY, 2012). The most used theoretical model of FLP is also from SPOLSKY, which consists of three interconnected components: language ideology (how family members perceive particular languages); language practices (what people actually do with language); and language

---

① 本文系作者根据在伯明翰大学攻读硕士研究生时的一项研究，在上海外国语大学贤达经济人文学院工作期间继续调研并撰写完成。

management (what they do to sustain language). We use these theories to analyze the case of a family in Guangdong, in order to see ways of improving children's language learning.

Keywords: language learning of children, FLP, Putonghua (Mandarin), Cantonese

1. Introduction

The family, as the smallest unit of society, both micro-reflects and provides reference data for the development and adjustment of language policy at the macro level. The family is the starting point, and arguably the end point, of language learning. Research on FLP in China started late, from the early 20th century, and has been slow to develop, only starting to grow rapidly from five years ago. Research has focused on ethnic minority families or migrant families. Along with cross-cultural marriage becoming common, studies on cross-cultural families have begun to increase. In the environments of these families, children have the opportunity to acquire two (or more) different languages simultaneously from birth, a phenomenon that has been called bilingual first-language acquisition (DE HOUWER, 2009). Different from these kinds of families, in most Chinese families, children can only acquire monolingual first-language, plus a dialect at maximum.

With the development of globalisation, Chinese parents pay more and more attention to their children's foreign language learning. As MERRITT (2013) says, learning a foreign language will make you smarter, more decisive and even better at mother language. As most widely used language in the world, as well as part of entrance examination, English is always the first choice of foreign language learning. LI and HOU (2021)① noted that

① 李雅萱,侯旭.中国代际间家庭语言政策比较研究——以英语教育为例[J].江苏外语教学研究,2021(1):51-55.

the median expectation of the next generation to learn English was 4 for the parents' generation and 6 for the children's generation, indicating an upward trend in intergenerational expectations of the next generation's English language proficiency. "Don't lose at the starting line." "Start learning English as a child." These voices are constantly in our ears. Many Chinese indigenous parents start their children's EFL (English as a foreign language) learning earlier and earlier. Some even regard English as their children's first language.

Meanwhile, we heard some different voices. Some people think that exposing their children to two or more languages means they will be a late talker. "Ordinary Chinese families cannot offer a foreign language environment, if you force your child to learn a new language without mother tongue condition, he will feel at a loss." The fact remains that monolingualism is still very much the norm. This implies that most parents who are attempting to raise multilingual children will encounter doubters, critics, and obstacles along the road, and may even have to overcome their own internal concerns.

By taking a multilingual family with a non-overseas background as a case study, this research analyzes whether non-native speakers can cultivate multilingual children from the three aspects proposed by SPOLSKY in 2004, and tries to answer the language conflict problems caused by asking children to learn multiple languages.

2. Literature Review

2.1 FLP in foreign countries

There has been earlier attention to FLP abroad, starting with Cooper's introduction of a micro-level of language planning, mentioned above, and SPOLSKY (2004) first added the smallest unit of social group presence to the definition of language policy use, noting seven scopes of language policy research: family, school, religions and religious organisations, workplace, local government, supranational groups, and national organisations. These areas of language policy research are less studied and more implicit, but are important for the role of classical language policy (SPOLSKY, 2012).

The current research focuses on FLP and children's language acquisition. Exploring FLP, language ideology, language management and language practices from the perspective of the family domain, focusing on family multilingualism, discourse analysis of parent-child interactions in transnational migrant families and exploring children's monolingual, bilingual and multilingual development, KING et al. (2010) found that FLP is essential for migrant families to create a bilingual and multilingual environment and achieve bilingualism and multilingualism in their children. CURDT-CHRISTIANSEN (2013) investigated two children from similar but culturally diverse backgrounds in Montreal and Singapore to explore how home environments and support promote children's multilingual literacy skills. LANZA (2004 [1997]) examined parent-child interactions in bilingual English-Norwegian homes using language socialization theory. Minimal grasp, expressed guess, repetition, move on, and code-switching are five sorts of discourse strategies employed by parents to socialize their children into a certain language habit.

2.2 FLP in China

Research on family language planning has particular academic relevance to the particular language life situation in China. LI (1998)① summarizes three situations: (1) Unlike in the West, grandparents in Chinese families are commonly involved in intergenerational parenting, which has a significant impact on children's language development. (2) As a result of the family planning policy, the number of one-child families has

① 李宇明.儿童语言的发展[M].武汉：华中师范大学出版社，1998.

increased considerably and the language development pathways of these children may differ from those of children in large families. (3) In the context of the two-child policy, where there is a large age gap between the first and second child in the family, the older child may have a subtle influence on the language development pathways of younger siblings. As a result, the study of family language planning has received increasing attention from scholars in China.

Domestic family language planning in China involves mainly the interaction between dialects, Putonghua (Mandarin) and minority languages in urban migrant families, and research into family language use in ethnic minority areas focus on the intergenerational transmission of ethnic languages, the promotion of Mandarin and the influence of foreign language education on family language choice. ZHOU (2018)① studied families of Inner Mongolian children aged 0 – 3 years, and she found that parents were very conscious of protecting the Mongolian language, but also began to focus on children learning Mandarin, plus gender and geography were the main factors influencing parents' language awareness.

Domestic FLPs focus on changing trends in families' everyday language. LI and LIU (2016)② found that families' language investment and language management behaviours reflect parents' planning for their children's cultural identity through an analysis of two ethnographic case studies. WANG and ZHANG (2017)③ observed and analysed the everyday language of eight groups of families from the perspective of family language

---

① 周凤玲. 内蒙古蒙古族家庭父母语言意识与家庭语言使用调查研究——以内蒙古0—3岁儿童蒙古族家庭为例[J]. 汉字文化，2018(20)：24 - 36.

② 李秀锦，刘媛媛. 家庭语言政策与儿童文化认同建构——两例民族志研究个案报告[J]. 语言政策与语言教育，2016(2)：13 - 22+120.

③ 汪卫红，张晓兰. 中国儿童语言培养的家庭语言规划研究：以城市中产阶级为例[J]. 语言战略研究，2017，2(6)：25 - 34.

planning. The family environment actively promoted the development of children's English and Mandarin language skills on the one hand, but greatly limited the learning of dialects on the other. ZHANG and SHAO (2018)① found that the trend of Mandarin language was the best among families in the Jining region of Shandong. Dialects showed a downward trend with generations, while English showed an upward trend with generations. YE et al. (2017)② analysed corpus data from nine children of Hong Kong, China, who were simultaneously bilingual, to examine the "OPOL (one-parent-one-language)" and "1P2L (one-parent-two-language)". The frequency of code-mixing in the "OPOL" and "1P2L" conditions was compared to explore the code-mixing phenomenon of bilingual children and its relationship with language input. The results revealed that the frequency of code-mixing was asymmetrical across language contexts: children mixed codes more frequently in the Cantonese context than in the English context. Code mixing was more prevalent in the 'OPOL' context than in the '1P2L' context. Thus, children's language development and use are heavily influenced by input from the home.

Foreign research methods on FLP are dominated by the qualitative approach, which can compensate for the shortcomings of the quantitative approach in terms of the dynamic, intimate and complex nature of family language planning, which is difficult to observe in depth and detail with a single quantitative approach. However, only a small proportion of empirical research in China is qualitative at present. In terms of research subjects, most of the current studies focus on economically developed

---

① 张治国,邵蒙蒙.家庭语言政策调查研究——以山东济宁为例[J].语言文字应用,2018(1):12-20.

② 叶彩燕,马诗帆,傅彦琦,代凤菊,杨纯纯.父母语言策略与粤英双语儿童语码混合现象[J].语言战略研究,2017,2(6):35-45.

coastal areas such as Jiangsu, Zhejiang and Shanghai or areas where ethnic minorities congregate, and in terms of family types, they focus on immigrant families and ethnic minority families. This paper, however, will adopt a qualitative approach and select non-immigrant families in small inland cities as the research subjects.

3. Methodology

3.1 Research questions

(1) Why do Chinese parents cultivate children's English ability in FLP?

(2) How do Chinese families (no overseas background) cultivate children's multilingual ability at home (from three components presented by SPOLSKY, 2004)

(3) Do using several languages in a family confuse a child?

3.2 Research approach and research methods

CURDT-CHRISTIANSEN (2018) presents the three major approaches of FLP's diversified insights to the field of bilingual education, multilingualism, and language policy. They are quantitative, qualitative/interpretive and sociolinguistic ethnographic. A case study design framework is used in this research. Although a case study cannot be used to generalize the findings, it can be used to conduct a more detailed and in-depth examination of complex situations in specific contexts, so it is relevant to the purpose of this study, which is to investigate whether the FLP is implemented in every family despite the complicated and diverse family background. As a result, a case study is a suitable research design frame for the current research.

Case studies may be framed in a variety of ways, as THOMAS (2017) notes, and this study uses an anthropological approach. Ethnography as a research method has its roots in anthropological and sociological research and is characterised by the field, naturalistic and continuous participatory observation of the researcher in a specific social context (HARKLAN L, 2005). However, it cannot be regarded truly ethnographic due to its brief and non-immersive character (COHEN et al, 2011). But this kind of participatory observation can go deep into the case family and obtain more intuitive information by observing the application of FLP in the family.

In addition, a qualitative interview design will be used to answer the research questions in this study. As CURDT-CHRISTIANSEN (2018) mentions, the qualitative approach can be used in FLP studies on language ideology, with researchers capturing participants' live experiences of raising multilingual children through interviews and narrative inquiry. Such approaches to FLP research consider how parents and children build their intergenerational transmission experiences in relation to larger sociocultural settings. To acquire information, it is necessary to employ a semi-structured interview. Because it allows for the combination of a list of questions relating to the concerns with the freedom of follow-up inquiries, a semi-structured interview is chosen (THOMAS, 2017), and it enables for the development of rapport (KING and HORROCKS, 2010). As a result, it appears that a semi-structured interview is an ideal choice for learning about the family's history and the languages they speak. The interview was conducted with the mother of the family, as mothers in general spend more time with their children and are better able to demonstrate parental language ideology and the way language is managed in the home. Furthermore, it is critical to react authentically during the interview process in order to let the participants feel the interviewer's care and interest (GILLHAM, 2000).

3.3 Participants

The family of the case study is from a small city in Guangdong province, China. Two multilingual children and their parents participated in the study. The mother (Christine) is a colleague of the mother of the author. Christine got her bachelor's degree from a top foreign language university in Shanghai, China, majored in Teaching Chinese as a Foreign Language (TCFL). She is a middle school English teacher. She is proficient in Chinese (Mandarin, Hakka) and English. The father (John) was an engineer and graduated from an average four-year college. Chinese (Mandarin and Cantonese) is his mother tongue. He can communicate in English, not fluently. He passed CET-4 (College English Test Band 4) at university. They have two girls, one is 8 years old, called Diana, the younger is 3, named Nina.

The language of communication between mother and the children is mainly Mandarin with English as a supplement, father and the children speak Cantonese. When all four family members communicate together, they use Mandarin. They do not live with their grandparents. On weekdays, the family goes to the paternal grandparents' house for dinner and they all talk in Mandarin, and on holidays they always visit their maternal grandparents, who speak also Mandarin with the rest of the family, except for Hakka with Mother.

3.4 Procedure

Data was first collected through semi-structured interview. The research object is not the immediate acquaintance of the author. Before the interview, the author didn't know any member in the family. In order not to make the interviewee feel stressed, through introduction, the author added the mother (Christine) interviewed as a Wechat friend a month before the research, to get to know each other better. Before the formal interview, the author had a chat with Christine via Wechat video call. It's a casual chat, to remove the sense of strangeness and get some basic information of the family. Christine loves to post parent-child interactions on her Moments, so by noticing the Moments, the author gets a clearer understanding of the family relationship patterns.

The first interviewee was Christine, and the author asked questions about the family background, parents' perceptions of their children's language learning, parent-child communication patterns, and parents' language management of their children, which were structured around the research questions (interview questions). The family's two children were then interviewed to gain an initial understanding of their language level and to ask about their acceptance of both languages.

In a quasi-naturalistic environment, observations and language samples were gathered to analyze how languages were utilized for all four members of the family in various circumstances. There were three sessions that were completed: (1) Conversations on mother-child interaction, (2) Conversations about father-child interaction, (3) Conversations between their four. At their house, each contact was audio-recorded individually. The recordings were made in the kid's bedroom or living room while the youngster was engaged in various activities such as reading books, watching cartoons, and playing games. Only one (or two) children and one (or two) parents were allowed in the room during the interactions. To prevent interference, the experimenter remained outdoors. To make the data more realistic, the parents were instructed to do what they regularly do with their children.

3.5 Ethical consideration

Before designating the family as the subject of the study, the author is first asked to contact the interviewed family by an intermediary to indicate the author's research intentions and express the author's willingness to conduct the study, and after the interviewed family agrees to be the subject of the study, the author is then asked to contact the interviewed family. In addition, before all interviews and home recordings are conducted, the author states that all interviews and recordings are for research purposes only and are not to be passed on or used for other purposes, and that if questions are private and the interviewee does not wish to disclose, the interview can be skipped or terminated. The names of the people involved in the study are the English names (nickname) of the respondents to protect the privacy of their personal information.

4. Discussion and findings

In this section, we provide our findings in terms of the noticeable common elements of each language as indicated in interview data (parental ideology, family members' subconsciously practiced language interactions, and parental language resources to aid children's language acquisition etc.).

4.1 Language practices: use of language codes by family members-language mixing

To explore family members' code-use, we first focus on the composition of the family members. Previous studies have shown that there are significant differences in code-use between generations (YIN and LI, 2017)①. In the case of the "Nuclear Family", the family's language communication pattern was Chinese (Mandarin, Cantonese) and English. Differences in language proficiency affected family members' language choice. In terms of educational attainment, both parents were well educated, and the mother had a better command of English as she was an English teacher. However, English is still a second language for the parents, Chinese (Mandarin and dialect) are the mother tongue and frequent code-switching is the norm in family language life. The parents in this family are self-selecting parents, as both parents have a command of

① 尹小荣,李国芳. 国外家庭语言规划研究综述(2000—2016)[J]. 语言战略研究,2017,2(6):68-79.

two or more languages or dialects and are comfortable speaking them, and the parents can choose their dominant language to communicate with their children, achieving a bilingual balance.

The parents' educational and work experiences have led them to place greater emphasis on the cultivation and development of their children's bilingual or multilingual skills. The education level of the parents shows that both are highly educated, with degrees at undergraduate level and above, and both are from better universities in China. Although they do not have any overseas background, they still pay great attention to their children's English learning, and certainly have not given up the importance of Chinese language.

Although Mandarin is the main language spoken at home, the dialect (Cantonese) has not disappeared at home. This is an unexpected finding, as ZHANG and SHAO (2018) have mentioned that Mandarin has the best trend among families in the Jining region of Shandong, with dialects trending downwards with generations, while English is trending upwards with generations. Moreover, Mandarin is now being promoted in kindergartens and schools in Guangdong Province. Although the family placed emphasis on the learning of English and Mandarin by the children, the father did not abandon the children's Cantonese upbringing, except for the identification with Cantonese culture, which may be related to the universal usability of Cantonese worldwide. Still, it is possible to detect an increase in the proportion of the new generation using English during the generational change. Fewer grandparents know English. Grandparents and their juniors generally use Mandarin or dialect to communicate with each other. Both parents speak English, but parents do not communicate with each other in English. "It would be too strange for us two Chinese people to speak English to each other," said Christine. However, Christine speaks English with her children at a higher rate, which is a result of parental management of the language in the home. The mother's language level is more influential than the father's because she spends more time with her children, and the better the mother's English, the more often she uses it.

4.2 Language management: Top-down fashion – 1P2L

SPOLSKY (2016)[①] argues that the trend in home language management is that parents will make every effort to require their children to use what the parents consider to be standard or correct language. The family language management model therefore includes specific management measures activities undertaken by language managers to foster their own use of the standard language. In nuclear families, we must take into account the influence produced by cultural patterns of male dominance and female dominance. Christine's life has always been focused on her family, and after the birth of both her children, she declined to take up school administration and did not apply for a job title, going home to her children after school. So it is mainly her mother who acts as the family language manager.

Language policy can be introduced with two types of approaches, such as the top- down fashion and the grassroots mechanism, as well-known as an ethnography approach (CANAGARAJAH, 2006). SPOLSKY (2016) states that the management of language in the family depends on parental authority and language status. A pattern of case family language management can be found in the records of family interactions.

Parents intervene and make choices in the management of their children's language, and their children's language acquisition depends to a large extent on the language practices they are exposed to. PILLER (2002) found that the majority of parents chose to raise their children by adopting the OPOL strategy. In contrast to the traditional division of labour,

① 斯波斯基.语言管理[M].张治国,译.北京:商务印书馆,2016.

Christine's family uses 1P2L (one-parent-two-languages). Christine speaks Mandarin and English with the children, and John speaks Mandarin and Cantonese①. From the transcription of the recording (see appendix), we can notice that when the children respond to Christine in Chinese, she still insists on answering in English. The same happens with John, who still insists on answering in Cantonese if the children respond to him in Mandarin. We can also find that John used the minimal grasp strategy, identified by LANZA (2004). He pretended not to understand the meaning of "spaghetti" to ask Nina to tell him.

Extra-curricular reading seeks bilingual equality. Christine mentioned that she started reading picture books in English and Chinese to Diana when she was five or six months old. She simply wanted her child to learn more about a culture, to use English as a learning tool to broaden her horizons and learn more, and Diana loved reading books, and could read 20 picture books a day before she started primary school, and the mother tried to have her child read science books and to be equal in the choice of Chinese and English. KING and MACKEY (2007) indicate that parents with even minimal skills in a second language like reading bilingual books or playing basic games in the foreign language can promote language learning better than baby videos of any sort. "I don't want to expose them to television and other electronic devices too early," Christine said. She didn't let the child watch English cartoons until she was four but let her listen to English songs.

4.3 Linguistic and cultural identity: How can a Cantonese not understand Cantonese

Language consciousness is the perception of what a language can and

① Mandarin and Cantonese belong to the same Chinese language, but because of their distance and not to complicate the term, we consider them all the same as 1P2L.

should do and how it should be used. Language and cultural identity is the driving force behind FLP, as any FLP is based on the perception of the value, power and use of different languages (CURDT-CHRISTIANSEN, 2009). John and Christine place great importance on the children's awareness of language, as they read English picture books to Diana from the time she was five or six months old, who spoke English to her mother regularly from the time she could speak. TOUMINEN (1999) concluded that children were often the ones who decided what the family's language would be. When Diana spoke English to her mother, she would respond in English. But since Diana started primary school, Christine has been deliberately trying to get her to input and output more Chinese, "I want children to use English as a tool for learning culture, but as a Chinese person, the learning of Chinese is more important." Christine is always looking for books on Chinese culture for her daughters and Diana loves Chinese books more than before. John always thought that the children would learn Cantonese in kindergarten, and it never occurred to John to speak Cantonese at home with the children until Diana started primary school. "How can a Cantonese not understand Cantonese?" he said. He believes that the children are not only Chinese but also Cantonese, and for Cantonese speakers, learning Cantonese is also very important and helps them identify more with Cantonese culture. Since Nina was born, when Diana was five, he started speaking Cantonese with both children, "Although Diana speaks only broken Cantonese now, I will continue to keep speaking Cantonese with her and she will get better and better." On the other hand, Diana is doing very well in elementary school. She always gets A in Chinese and A+ in English.

Parents' language awareness directly influences language management and language practices at home. The family is also the site of dialect maintenance, and parents' positive attitudes towards dialects help to help their children develop their language skills and promote identity construction.

5. Conclusion

To recap, bilingual children have specific advantages over monolingual children. With globalisation and increased cultural exchange between countries, the demand for English is increasing, English is on the rise with each generation and more and more people are becoming proficient in English. People don't need to rely on schools and training institutions to teach their children English, and can employ FLP at home to teach their children English, reading books. Parent-child interaction is the best ways to learn a foreign language. KING and MACKEY (2007) point that living, breathing human being does not need to be a credentialed language teacher, nor does the person need to be a native speaker of the language.

Chinese people still attach great importance to their cultural identity, and even if the importance of English increases they will not neglect their children's learning of their own language or even the local dialect (at least in Guangdong). Parents should still value the learning of their children's dialects. Dialect is a legacy language, abandoning it would have negative consequences for many aspects of our society, including the loss of emotional bonds in intergenerational relations, as well as that of linguistic and cultural diversity. KING and MACKEY (2007) mention that mixing languages is a normal phase of bilingual language development. Parents need not worry that multilingual learning will confuse their children. Young children can distinguish languages.

The parents can employ Top-down fashion to educate their children language at home. OPOL is a popular and useful approach in FLP but not the only one. The same goes for 1P2L too. Language management patterns can change as children get older.

The study still has many limitations. Due to singularity and particularity, the mother's identity as a English teacher has her own superiority. People may argue that English teacher is more proficient in English and teaching ability. This is one of the reasons for which their children are multilingual. In the future, researchers can focus on more general families without an English teacher background. Furthermore, future study should include employing hidden recording devices to eliminate researcher presence, as well as invite other researchers in the interpretation process to compare and integrate views from various viewpoints and sub-fields.

（作者单位：朱嘉雯，上外贤达学院。电子邮箱：gdsgzjw@163. com）

References①

[1] CANAGARAJAH S. Ethnographic methods in language policy[M]//RICENTO T. An introduction to language policy: Theory and method: Language and social change. Oxford: Blackwell, 2006: 153 - 169.

[2] COHEN L, MANION L, MORRISON K. Research methods in education[M]. London: Routledge, 2011.

[3] COOPER R L. Language Planning and Social Change [M]. Cambridge: Cambridge University Press, 1989.

[4] CURDT-CHRISTIANSEN X L. Visible and invisible language planning: Ideological factor in the family language policy of Chinese immigrant families in Quebec[J]. Language Policy, 2009, 8(4): 351 - 375.

[5] CURDT-CHRISTIANSEN X L. Family language policy[M]//TOLLEFSON J W, PEREZ-MILANS M. The Oxford handbook of language policy and planning. Oxford: Oxford University Press, 2018: 420 - 441.

[6] CURDT-CHRISTIANSEN X L. Family language policy: sociopolitical reality versus linguistic continuity[J]. Language Policy, 2013, 12: 1 - 6.

[7] CURDT-CHRISTIANSEN X L. Implicit learning and imperceptible influence: syncretic literacy of multilingual Chinese children[J]. Journal of Early Childhood Literacy, 2013, 13(3): 348 - 370.

[8] DE HOUWER A. Bilingual First Language Acquisition [M]. Clevedon:

① Translation of references in Chinese omitted.

Multilingual Matters，2009.
[9] GILLHAM B. The research interview[M]. London：Continuum，2000.
[10] KING K A，MACKEY A. The bilingual edge：why，when，and how to teach your child a second language[M]. New York：Collins，2007.
[11] KING K A，FOGLE L，LOGAN-TERRY A. Family Language Policy [J]. Language & Linguistic Compass，2010，2(5)：907 - 922.
[12] KING N，HORROCKS C. Interviews in qualitative research[M]. Los Angeles：SAGE，2010.
[13] LANZA E. Language mixing in infant bilingualism：A sociolinguistic per spective [M]. Oxford：Oxford University Press，2004.
[14] MERRITT A. Why learn a foreign language? Benefits of bilingualism[N]. The Telegraph，2013 - 06 - 19.
[15] PILLER I. Bilingual couples talk：The discursive construction of hybridity[M]. Amsterdam：John Benjamins，2002.
[16] SPOLSKY B. Family language policy — the critical domain [J]. Journal of Multilingual and Multicultural Development，2012，33(1)：3 - 11.
[17] SPOLSKY B. Language Policy [M]. Cambridge：Cambridge University Press，2004.
[18] SPOLSKY B. The languages of the Jews：a sociolinguistic history [M]. Cambridge：Cambridge University Press，2014.
[19] THOMAS G. How to do your research project[M]. 3rd ed. London：Sage，2017.
[20] TOUMINEN A. Who decides the home language? A look at multilingual families [J]. International Journal of the Sociology of Language，1999(140)：59 - 76.
[21] 斯波斯基. 语言管理[M]. 张治国，译. 北京：商务印书馆，2016.
[22] 李秀锦，刘媛媛. 家庭语言政策与儿童文化认同建构——两例民族志研究个案报告[J]. 语言政策与语言教育，2016(2)：13 - 22+120.
[23] 李雅萱，侯旭. 中国代际间家庭语言政策比较研究——以英语教育为例[J]. 江苏外语教学研究，2021(1)：51 - 55.
[24] 李宇明. 儿童语言的发展[M]. 武汉：华中师范大学出版社，1998.
[25] 汪卫红，张晓兰. 中国儿童语言培养的家庭语言规划研究：以城市中产阶级为例[J]. 语言战略研究，2017，2(6)：25 - 34.
[26] 叶彩燕，马诗帆，傅彦琦，等. 父母语言策略与粤英双语儿童语码混合现象[J]. 语言战略研究，2017，2(6)：35 - 45.
[27] 尹小荣，李国芳. 国外家庭语言规划研究综述(2000—2016)[J]. 语言战略研究，2017，2(6)：68 - 79.
[28] 张治国，邵蒙蒙. 家庭语言政策调查研究——以山东济宁为例[J]. 语言文字应用，2018(1)：12 - 20.
[29] 周凤玲. 内蒙古蒙古族家庭父母语言意识与家庭语言使用调查研究——以内蒙古0—3 岁儿童蒙古族家庭为例[J]. 汉字文化，2018(20)：24 - 36.

Appendix: Transcription of observation

Example 1: Mother playing games with kids

(In the game) Mother: I will eat you two fat chubby mice!

Nina (to Diana): You have big tummy!

Nina (to her mother) (in mandarin): 先吃姐姐! (Eat Diana first)

Diana (to Nina): You have big tummy, too!

Mother: With a pounce and one gulp, I'll eat you two!

Nina (in mandarin): 妈妈没有吃到我们。(Mom didn't eat us)

Diana: Mommy, you failed!

Mother: Lucky you! That's a narrow escape. I'll try harder.

Father (in Cantonese): 猫咪冇捉到你地两只老鼠仔呀? (Didn't the cat catch the two little mice?)

Nina (in Cantonese): 冇喔。(No)

Diana (in mandarin): 妈妈,再来玩。(Mom, let's play one more hand.)

Example 2: Nina watching an English cartoon

Father (in Cantonese): Spaghetti 系咩意思啊,我唔知噢。(What's the meaning of "Spaghetti"? I don't know.)

Nina (in Mandarin): Spaghetti 是面条的意思。(It means "noodle".)

Father (in Cantonese): 面条唔系 noodle 咩 ("Noodle" means noodle, no?)

Nina (in Cantonese): 反正就系一种面条咯。(Anyway, it's a kind of noodles.)

Example 3: Four people having lunch

Mother: 明天我们去哪玩? (Where shall we go hiking tomorrow?)

Diana: 我想去上次看到 stink bugs 的地方。(I want to go to the place

where I last saw stink bugs.）

Nina：那个 stink bugs 有点吓人，那里划船还挺好玩。（The stink bugs were kind of scary，but there was a lot of fun boating.）

Father：不去了吧，那里的路不好走。（Don't go there. The roads are bad.）

Mother：她们说要去就去吧。（It's ok，listen to them.）

图书在版编目(CIP)数据

民办高校教育国际化特色案例学术文集 / 陈娴主编 .— 上海 ：上海社会科学院出版社，2022
ISBN 978 - 7 - 5520 - 3823 - 1

Ⅰ.①民… Ⅱ.①陈… Ⅲ.①民办高校—国际化—案例—上海 Ⅳ.①G648.7

中国版本图书馆 CIP 数据核字(2022)第 140536 号

民办高校教育国际化特色案例学术文集

主　　编：陈　娴
责任编辑：杜颖颖　赵秋蕙
封面设计：黄婧昉
出版发行：上海社会科学院出版社
　　　　上海顺昌路 622 号　邮编 200025
　　　　电话总机 021 - 63315947　销售热线 021 - 53063735
　　　　http://www.sassp.cn　E-mail:sassp@sassp.cn
排　　版：南京展望文化发展有限公司
印　　刷：上海新文印刷厂有限公司
开　　本：710 毫米×1010 毫米　1/16
印　　张：13.5
字　　数：207 千
版　　次：2022 年 9 月第 1 版　　2022 年 9 月第 1 次印刷

ISBN 978 - 7 - 5520 - 3823 - 1/G・1199　　定价：68.00 元
